Collection : Learning by doing, le monde sous toutes ses formes.

Un monde en réseau

Initiation par la pratique à la théorie des graphes

Charles Perez
&
Karina Sokolova

TABLE DES MATIÈRES

Un monde en réseau

1 INTRODUCTION

Au XVIIème siècle, le philosophe Gottfried Leibniz défendra l'idée d'un univers dans lequel toutes les choses du monde sont connectées entre-elles. Selon lui, il suffit de suivre ces connexions pour atteindre une forme de vérité absolue. Leibniz ira même jusqu'à établir que nos esprits sont tous interconnectés. Cette image raisonne aujourd'hui au regard de nos technologies modernes où nos comptes de réseaux sociaux, nos smartphones et le web forment une gigantesque toile.

Notre société est largement connectée grâce aux technologies de l'information et de la communication. On parle désormais d'une société en réseau. Ce réseau est composé par les milliards de membres qui interagissent entre eux et à chaque instant au travers d'internet, de ses services, de ses objets.

Notre monde est constitué d'une multitude de réseaux naturels ou artificiels, organiques ou digitaux. Notre cerveau est constitué de milliards de neurones qui forment un réseau d'une complexité remarquable. Nos transports sont également interconnectés à l'échelle planétaire. Nos entreprises, nos états, nos technologies font partie d'un réseau international. Enfin, l'homme est le maillon clé de la société en réseau. Il trace son chemin et ses relations dans un réseau social mondial.

L'un des défis majeurs de notre siècle est de comprendre l'organisation de ces réseaux afin de nous éclairer sur la manière dont les lois régissent les comportements, les systèmes et leurs performances.

Ce petit carnet d'apprentissage présente la base de l'analyse des réseaux sociaux. Une science permettant de tisser les interactions entre les membres d'une communauté et d'analyser les systèmes complexes. Il aborde les origines de cette science, les célèbres travaux de Milgram sur notre petit monde, les théories du capital social et les observations à large échelle sur des graphes de natures variées.

À défaut de vous offrir une vérité absolue comme postulé par Leibniz, nous espérons qu'il pourra vous offrir un regard différent sur les systèmes qui vous entourent.

Note aux lecteurs :

 Dans ce voyage initiatique, nous vous proposons quelques contenus sonores sous la forme d'un podcast. Un symbole casque audio apparaitra pour vous indiquer la présence d'un épisode en lien avec la section en cours. Le podcast de l'ouvrage est disponible en scannant le QR-code.

2   L'HISTOIRE DES 7 PONTS DE KÖNIGSBERG

Notre histoire des réseaux commence avec un casse-tête historique qui était régulièrement posé à tous les nouveaux visiteurs de la ville de Königsberg (aujourd'hui Kaliningrad en Russie). Pendant des années, l'énigme est restée sans réponse. Saurez-vous y répondre ?

Est-il possible de traverser chaque pont de la ville sans emprunter deux fois le même pont ? (Figure 1)

Figure 1 : Les sept ponts de Königsberg sur la carte de la ville.

Réfléchissez à l'exercice, essayez de trouver un chemin. Soyez vigilant, vous ne pouvez pas sortir de l'image. Les 7 ponts sont entourés par des cercles.

Réponse :

☐ J'ai trouvé un chemin

☐ Je n'ai pas trouvé de chemin

La solution à ce problème a été apportée en 1736 par le grand mathématicien **Leonhard Euler.**

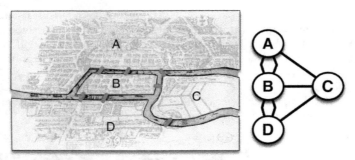

Figure 2 : Graphe de la ville modélisant la situation géographique des ponts.

Il inventa le concept de graphe afin de représenter plus simplement la situation géographique de la ville. Chaque lopin de terre est alors modélisé par un cercle et chaque lien représente un pont.

Réfléchissez de nouveau au problème en vous aidant cette fois-ci du graphe de la Figure 2. **Avez-vous changé d'avis ?**

Réponse :
☐ Il existe un chemin
☐ Il n'existe pas de chemin

Proposez une explication pour justifier votre réponse. Pour quelle raison un chemin est-il ou non possible ? Pensez au nombre de cercles, au nombre de liens, mais aussi au nombre de liens associés à chaque cercle. La réponse se trouve sur la prochaine page.

Mon hypothèse au problème des 7 ponts de Königsberg

Solution du problème :

Voici les observations effectuées par Leonhard Euler conduisant à la réponse. Les nœuds du graphe avec un **nombre impair de liens** ne peuvent être que les points de départ ou d'arrivée. En effet, en traversant une ou plusieurs fois un nœud au nombre impair de liens, un lien restera toujours non emprunté (voir illustration sur la Figure 3).

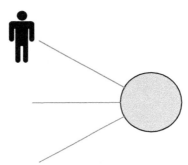

Figure 3 : Un nœud au nombre impair de liens ne peut servir que de point de départ ou d'arrivée au promeneur.

Le chemin passant une seule fois par chacun des liens est donc **impossible** s'il y existe plus de deux nœuds avec un nombre impair de liens.

C'est en répondant au problème de Königsberg en 1736 que **Leonhard Euler** a créé le concept mathématique de graphe. La science des réseaux est l'une des rares disciplines scientifiques qui connaissent son origine dans le temps et dans l'espace. Elle est née à Königsberg en 1736. Cette science fait aujourd'hui partie de la science de la complexité identifiée par les physiciens comme un enjeu majeur de ce siècle.

À la suite de cette découverte, Euler a donné son nom au concept de graphe et de chemin eulériens. Un **chemin eulérien** d'un graphe non orienté est un chemin qui passe par tous les liens et une seule fois par lien. Si un tel chemin revient au sommet de départ, on parle de **cycle eulérien**. Un graphe qui admet un cycle eulérien est dit eulérien.

Le graphe est l'un des modèles les plus universels au monde. Il est à la fois un outil visuel, mathématique, conceptuel et dispose d'un avantage redoutable : il est simple d'usage.

Mes prises de notes

3 LE GRAPHE

Regardons maintenant plus en détail l'objet inventé par Leonhard Euler. Il est composé de seulement deux types de composants :

- les **nœuds** qui sont représentés par des cercles,

- les **liens** qui sont représentés par des traits ou des flèches.

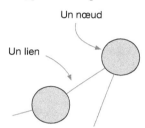

Nous pouvons désormais proposer une première définition formelle de l'objet que nous étudions dans ce livret.

Définition : Un graphe noté $G(N, A)$ est défini par un ensemble de nœuds N et un ensemble d'arêtes A. Les arêtes sont par définition des liens entre certains couples de nœuds.

Le graphe est un objet servant à représenter des systèmes de natures variés. En conséquence, le vocabulaire pour identifier les nœuds et les liens peut changer en fonction des disciplines et des cas d'usage. Nous illustrons les termes pour trois de ces sciences.

Discipline	Cercle	Ligne
Mathématique	Sommet	Arête/Arc
Informatique	Nœud	Lien
Sociologie	Acteur	Relation

Le nombre de nœuds d'un graphe $|N|$ correspond à l'**ordre** du graphe. Le symbole de cardinalité $|\ |$ indique qu'il s'agit du nombre d'éléments appartenant à l'ensemble indiqué entre les barres. Le nombre de liens $|L|$ à sa **taille**. Par abus d'écriture, on note N et L le nombre de nœuds et de liens.

À vous de pratiquer

Réfléchissez aux réseaux suivants. Dans de tels réseaux, que représentent les nœuds et que représentent les liens ?

Réseaux	Nœuds	Liens
Réseau aéroportuaire		
Réseau de neurones		
Réseau routier		
Réseau du web		
Réseau social Facebook		
La société humaine		

Plongez dans une expérience unique en découvrant un réseau caché fascinant : le monde des fibres optiques sous-marines. Téléchargez l'application Snapchat et scannez le code à droite pour le voir prendre vie en réalité augmentée. Ensuite, pointez la caméra de votre téléphone vers  la couverture de l'ouvrage pour faire apparaître le globe et révéler le réseau dissimulé. Préparez-vous à une immersion captivante dans l'univers des communications internationales à travers cette technologie innovante.

Pouvez-vous proposer d'autres types de réseaux cachés dans la nature ou les technologies ?

Exemples de réseaux

 À ce stade de votre progression, nous vous recommandons la lecture de l'épisode de podcast « la société en réseau ».

Un monde en réseau

4   DÉCOUVRIR UN MONDE EN RÉSEAU

Vous avez découvert que le réseau est un objet simple dont la modélisation est omniprésente dans notre société. Le physicien et directeur du Centre pour la Recherche sur les Réseaux Complexes (CCNR) de l'université Northeastern **Albert Laslo Barabási** présente l'importance des réseaux dans le paragraphe suivant.

« Nous sommes entourés de systèmes désespérément complexes, de la société, une collection de sept-milliards d'individus, aux systèmes de communication, qui relient aujourd'hui des milliards d'appareils, des ordinateurs aux téléphones portables. Notre existence même est enracinée dans la capacité de milliers de gènes à travailler ensemble de manière transparente ; nos pensées, notre raisonnement et notre compréhension du monde sont cachés dans les connexions entre des milliards de neurones de notre cerveau. Ces systèmes, à première vue aléatoires, après une inspection minutieuse affichent des signatures infinies d'ordre et d'auto-organisation dont la quantification, la compréhension, la prédiction et, éventuellement, le contrôle sont le défi intellectuel majeur pour la science du 21ème siècle. »

Pour tirer avantage des analyses sous forme de graphe, il convient de choisir les bons représentants pour nos deux éléments de base à savoir les nœuds et les interactions. Si les objets d'analyse sont presque toujours bien connus et facilement identifiables (ce sont les nœuds), il en est souvent autrement pour les interactions (les liens), qui offrent de nombreuses possibilités.

Le **choix du lien** est essentiel dans l'analyse de réseau. Si dans les exemples précédents, il n'y avait pas d'ambigüité sur les liens et les nœuds, dans de nombreux cas, différentes solutions sont possibles. Vous devrez alors prendre un œil d'analyste pour choisir la meilleure alternative.

Dans le cadre d'un même réseau social numérique (p.ex. X, Facebook), les relations suivantes sont envisageables entre deux utilisateurs x et y.

À vous de pratiquer

Répondre aux situations suivantes par les numéros de 1 à 4 correspondants au(x) réseau(x) le(s) plus adapté(s) pour analyser la problématique proposée.

1. x a relayé un contenu de y
2. x a mentionné y dans un message
3. x est ami avec y
4. x a utilisé le même mot-dièse que y

Cas 1 : L'analyse de la viralité d'un message sur Facebook.

Mon choix :
Explication :

Cas 2 : L'identification et l'analyse de communautés d'intérêts ?

Mon choix :
Explication :

Cas 3 : Pour retrouver un compte à l'origine d'une fausse information propagée sur le réseau ?

Mon choix :
Explication :

Cas 4 : Pour identifier les plus grands influenceurs du réseau ?

Mon choix :
Explication :

Dans certains cas, une représentation est évidente, mais pas toujours ! Le choix du **type de lien** analysé détermine la nature de la question que l'on va se poser et la manière d'y répondre.

5 LE LIEN AU CŒUR DU RÉSEAU

5.1 Un livre en réseau et rareté du lien

Commençons à analyser un premier réseau social, celui-ci est construit à partir de la célèbre nouvelle de Victor Hugo, « Les Misérables ».

La visualisation est obtenue en tissant un lien entre deux personnages de la nouvelle quand ceux-ci apparaissent dans le même chapitre. Si un lien est plus épais, alors les personnages sont apparus de nombreuses fois dans les mêmes scènes. Des personnages de ce type gravitent dans les mêmes groupes sur le graphe. Ils ont également la même couleur.

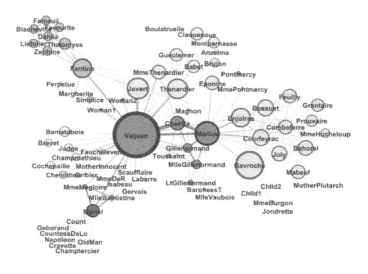

Les deux premières observations possibles sur ce réseau concernent le **nombre de nœuds** et le **nombre de liens**.

Ce réseau comporte :
- Un nombre de nœuds N égal à **77**. Ce sont les personnages de la nouvelle ;
- Un nombre de liens L égal à **254**. Ce sont les interactions entre les personnages.

L'ordre du graphe est donc de 77 et sa dimension de 254.

À vous de pratiquer

Que pensez-vous du nombre de liens observé ? Vous semble-t-il grand au regard du maximum possible ? Le cas où tous les individus seraient connectés entre eux.

Ma réponse :

☐ Le nombre de liens me semble très élevé

☐ Le nombre de liens me semble élevé

☐ Le nombre de liens me semble moyen

☐ Le nombre de liens me semble faible

☐ Le nombre de liens me semble très faible

Saurez-vous calculer la probabilité que deux personnages de l'histoire soient connectés ?

Essayez-vous à quelques estimations, dessins et calculs

Présentez votre résultat ou votre intuition sur la ligne ci-dessous. Votre trait représentera le pourcentage de chance que deux personnages de l'histoire apparaissent dans la même scène.

0%   50%   100%

Le pourcentage de chance que deux personnages de l'histoire apparaissent dans la même scène et que vous venez d'essayer d'estimer, est une métrique importante de l'analyse des réseaux. Ce chiffre calculable pour tout type de graphe se dénomme la **densité**.

Définition : La densité d d'un graphe est égale au nombre de liens observés dans le graphe (dénoté L) divisé par le nombre maximum de liens possibles entre les nœuds (dénoté L_{max}).

$$d = \frac{L}{L_{max}}$$

Pour obtenir une définition mathématique plus universelle, complétez les valeurs de L_{max} pour les graphes suivants (Figure 4).

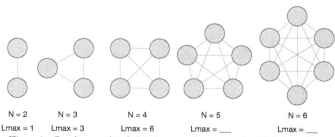

N = 2   N = 3   N = 4   N = 5   N = 6
Lmax = 1   Lmax = 3   Lmax = 6   Lmax = ___   Lmax = ___

Figure 4 : Graphes complets de 2 à 6, ces graphes ont une densité de 1, car L est alors égal à L_{max}.

Quelle logique permet de calculer L_{max} en fonction de N ?

Réponse :

☐ $L_{max} = N * N$

☐ $L_{max} = \dfrac{N*(N-1)}{2}$

☐ $L_{max} = \dfrac{N*N}{2}$

Solution :

Pour obtenir le nombre maximal de liens, chaque nœud (tel que représenté par le nœud gris foncé sur la figure 5), doit être connecté à tous les autres. Chacun des N nœuds doit donc être connecté aux $N-1$ autres. Dans l'exemple, chacun des 6 nœuds doit être connecté aux 5 autres.

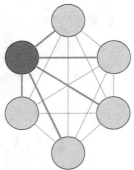

Figure 5 : Graphe complet (clique) d'ordre 6.

Une subtilité est à noter, par cette approche on comptera à tort chaque lien **deux fois** (de x vers y et de y vers x), on doit diviser le nombre obtenu par deux dans le cas d'un graphe non orienté. Nous obtenons donc sans démonstration :

$$L_{max} = \frac{N*(N-1)}{2} \quad \text{(éq. 1)}$$

La formule universelle de la densité pour un graphe non orienté est alors obtenue de la manière suivante :

$$d = \frac{L}{L_{max}} = \frac{L}{\frac{N * (N - 1)}{2}} = \frac{2L}{N * (N - 1)}$$

d étant la densité
L le nombre de liens
N le nombre de nœuds

Estimez de manière précise la probabilité que deux personnages de la nouvelle des misérables soient connectés (c.-à-d. calculez la densité du graphe des misérables).

Mes calculs ici.

La probabilité que deux personnages de l'histoire soient connectés est d'environ ____%.

Solution

5.2 Qui a le plus de liens ?

L'identification des individus qui ont attiré ou créé le plus de liens dans un graphe est d'une grande utilité. Pour ce faire, nous nous référons au concept de « degré d'un nœud », qui représente le nombre de liens qu'un nœud a établis. Cela permet d'identifier les acteurs clés qui ont exercé une influence significative en termes de connexions dans le graphe.

Définition : Le **degré** d'un nœud v dénoté k_v est égal au nombre de liens adjacent à ce nœud.

Quel personnage de l'histoire des Misérables a le degré le plus élevé ?

_____

Comment interpréter ce résultat ?

Quels personnages ont le degré le plus faible ?

_____ _____
_____ _____
_____ _____

Comment interpréter ce résultat ?

Notez quelques idées sur ce que le graphe des misérables (page 17) vous inspire par rapport à la nouvelle. Quels sont les personnages principaux, comment est structurée l'histoire ?

Ce que m'inspire le graphe de la nouvelle

5.3   Le cas Facebook

On note $G(N, L)$ le graphe social non orienté des interactions d'une marque de luxe sur le réseau social Facebook. Le graphe est composé de $N = 450$ profils d'utilisateurs interconnectés à un nombre moyen de 20 personnes : $<k> = 20$. Ils ont tous interagi au moins une fois avec la marque au cours du dernier mois.

Estimez le nombre de liens L du graphe social G de la marque. Utilisez l'équation de $<k>$ et exprimer $\sum_i k_i$ comme une fonction de L.

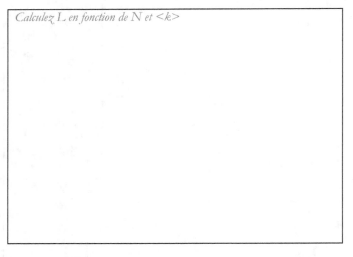

Calculez L en fonction de N et $<k>$

Estimez la densité du graphe d. Quelle est la probabilité que deux nœuds soient connectés ?

0%   *50%*   *100%*

Scannez pour obtenir la solution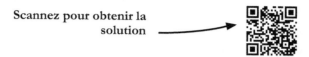

On dénote maintenant $G'(N, L)$ le graphe social non orienté du réseau social global Facebook. En 2021, ce graphe de très grande ampleur est composé de 3 milliards d'utilisateurs actifs interconnectés à un nombre moyen de 300 personnes.

Estimez le nombre de liens L du graphe de Facebook G'

Estimez la densité du graphe d. Quelle est la probabilité que deux nœuds soient connectés ?

0%   *50%*   *100%*

À ce stade de votre progression, nous vous recommandons la lecture de l'épisode de podcast « Le lien : une ressource rare ».

6 GRAPHE SOCIAL ET HOMOPHILIE

6.1 Le cas des écoliers

Dans le cadre de la sociologie et de la théorie des organisations, les chercheurs ont rapidement mis en évidence l'intérêt de la modélisation par graphe social. **Jacob Levy Moreno** est en 1933 l'un des premiers à modéliser les relations humaines sous forme de graphe. C'est la naissance du **graphe social**. Il a notamment étudié une classe d'élèves de 11-12 ans. La relation modélisée est la suivante : « Je préfère m'assoir à côté de ». Filles et garçons sont respectivement représentés par des triangles et des ronds (Figure 6).

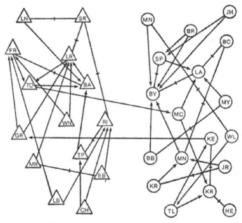

Figure 6 : Représentation des préférences comportementales des élèves de 11-12 ans en classe. Source : Moreno (J.L.) - Fondements de la sociométrie. Traduit d'après la seconde édition américaine (Who Shall Survive ?) par H. Lesage et P.-H. Maucorps.

Il est important de préciser que ce graphe est **orienté**, c'est-à-dire qu'un sens existe dans les relations qui sont modélisées entre les nœuds. Si un élève choisit un autre élève, ce dernier ne choisira pas forcément le premier. La relation est donc non symétrique et le lien a un sens : c'est alors **un arc**.

Que notez-vous sur la préférence des élèves ?

Ce phénomène se dénomme l'homophilie.

 Pour en savoir plus, nous vous recommandons la lecture de l'épisode de podcast « Sociométrie et sociogramme ».

6.2 Le cas des dauphins

Jusqu'aux années 2000, les études des différentes populations de grands dauphins, s'étendant des eaux tropicales aux eaux tempérées froides, ont montré que l'espèce vit généralement dans des sociétés où les relations entre les individus sont fluides. Les dauphins vivaient en petits groupes caractérisés par des interactions fluides et dynamiques et un certain degré de dispersion du groupe natal par les deux sexes.

Le graphe ci-dessous (Figure 7) est un nouveau **réseau social de dauphins**. Cette petite population formée de grands dauphins vit à l'extrême sud de l'aire de répartition de l'espèce. Les individus vivent dans de grands groupes mixtes dans lesquels aucune émigration / immigration permanente n'a été observée au cours des 7 dernières années. Les étiquettes des nœuds sont les noms attribués par les chercheurs aux dauphins. La couleur du nœud indique un mâle (clair) ou une femelle (foncé).

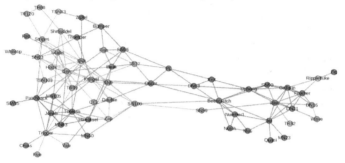

Figure 7 : Proximité mesurée entre les dauphins.

Que notez-vous sur la préférence des dauphins ?

Éléments de réponse :

Tous les membres de la communauté sont étroitement liés. Des réseaux de mâles-mâles et de femelles-femelles existent, tout comme des relations durables entre les sexes. La structure de la communauté est stable dans le temps, par rapport à d'autres populations de grands dauphins, et la présence constante de compagnie semble prédominante dans le modèle d'association temporelle. Ces niveaux élevés de stabilité sont sans précédent dans les études sur les grands dauphins et peuvent être liés aux contraintes écologiques de Doubtful Sound. Les fjords sont des systèmes à faible productivité où la survie peut nécessiter un plus grand niveau de coopération, d'où la stabilité du groupe. Ces conditions se retrouvent également dans d'autres populations de cétacés qui forment des groupes stables. Il semble que la contrainte écologique soit un facteur clé qui façonne les interactions sociales au sein des sociétés de cétacés.

 Ce texte est une interprétation des chercheurs basée sur leur travail. Source : Lusseau, D., Schneider, K., Boisseau, O.J. et al. The bottlenose dolphin community of Doubtful Sound features a large proportion of long-lasting associations. Behav Ecol Sociobiol 54, 396–405 (2003).

John Barnes est l'un des tout premiers anthropologues à se référer au concept de réseau social dans le célèbre article « Classe et Comités dans une paroisse norvégienne » (Barnes, 1954). Dans son article, Barnes a étudié les relations sociales entre les membres de Bremnes (paroisse de Norvège) et a utilisé les mots suivants pour décrire la situation qu'il a observée : « Chaque personne est, pour ainsi dire, en contact avec un certain nombre d'autres personnes, certains d'entre eux sont directement en contact les uns avec les autres et certains ne le sont pas. De même, chaque personne a un certain nombre d'amis, et ces amis ont leurs propres amis ; certains amis d'une personne se connaissent, d'autres pas.

Je trouve commode de parler d'un domaine social de ce type en tant que réseau. L'image que j'ai en tête est un ensemble de points dont certains sont reliés par des lignes. Les points de l'image sont des personnes, ou parfois des groupes, et les lignes indiquent quelles personnes interagissent ensemble." Cette dernière phrase est la première définition des réseaux sociaux.

<u>Source</u>: Barnes, J. A. (1954). Class and committee in a Norwegian island parish. Human Relations, 7, 39–58.

Mes prises de notes

Mes prises de notes

7   CARTOGRAPHIEZ UNE COMMUNAUTÉ

Dans cette section, nous vous invitons à suivre les traces de nombreux sociologues qui ont cartographié les communautés sous forme de graphes. Autrefois, l'étude d'une communauté nécessitait l'immersion des chercheurs pendant plusieurs jours, voire plusieurs semaines. Ils prenaient des notes sur le comportement des individus pour peu à peu dessiner les interactions entre les membres. Aujourd'hui, grâce aux outils digitaux, cet exercice est simplifié et peut même être réalisé à grande échelle. Vous avez ainsi l'opportunité de contribuer à la création et à l'analyse du réseau d'une communauté à laquelle vous appartenez.

Il est important de souligner que pour obtenir les résultats escomptés, la participation des membres de la communauté est primordiale. Ils devront remplir trois lignes d'un fichier Google Sheets en ligne que vous préparerez (ou indiquer leurs choix par un autre canal de communication). Ils n'ont donc pas besoin d'être physiquement présents à vos côtés pour contribuer à cette expérience. Ensemble, nous pourrons explorer et comprendre les dynamiques sociales qui façonnent nos communautés grâce à cette approche collaborative et innovante.

Étape 1 : Identifiez la communauté que vous souhaitez cartographier, donnez-lui un nom (p. ex. club de judo, classe d'étudiants, collègues de travail, groupe de lecture).

Nom du réseau social : _____

Étape 2 : Choisissez dans cette communauté, les trois personnes avec lesquelles vous interagissez le plus. Remplissez le tableau ci-dessous avec le nom de ces trois personnes.

Contacts	Nom-Prénom
Individu 1	
Individu 2	
Individu 3	

Étape 3 : Accédez à la feuille de calcul en ligne puis créez une copie pour pouvoir la modifier. Pour cela, rendez-vous sur Fichier, puis créez une copie (utilisez le QR-code ou l'URL courte).

URL courte : shorturl.at/nGHWZ

Étape 4 : Dans l'onglet Edges, vous devez indiquer sur une ligne votre nom (dans la colonne From Name) et le nom de la personne avec laquelle vous interagissez le plus (dans la colonne To Name). Répétez l'opération trois fois pour indiquer les trois personnes avec lesquelles vous interagissez le plus dans la communauté.

	From Type	From Name	Edge	To Type	To Name	Weight
2	Person	Burak	COLLABORATED	Person	Marc	1
3	Person	Burak	COLLABORATED	Person	Ahmet	1
4	Person	Burak	COLLABORATED	Person	Amber	1

Figure 8 : L'exemple ci-dessous illustre le choix de Burak pour les trois membres suivants : Marc, Ahmet et Amber.

 Les colonnes importantes de l'onglet **Edges** (signifiant liens) sont **From Name – To Name** (qui permettent la création de liens entre le nœud d'origine (From Name) et la destination du lien (To Name). Les autres colonnes peuvent être ajustées ou non pour un graphe plus personnalisé, mais sont facultatives. N'oubliez pas de renseigner la colonne Name de l'onglet **Nodes** qui doit contenir tous les noms des membres du réseau.

Étape 5 : Sauvegardez et partagez le lien aux membres de votre communauté afin qu'ils puissent remplir eux aussi le document. Pour obtenir le lien depuis Google Doc, rendez-vous sur fichier puis cliquez sur partager. Autorisez les modifications et transmettez l'instruction suivante avec le lien du fichier.

« Afin de nous aider à étudier la communauté des _____,
nous vous invitons à suivre les instructions suivantes relatives au
fichier Google Sheets (indiquer le lien du fichier <u>ici</u>). Dans l'onglet
Edges, vous devez indiquer sur une ligne votre nom (dans la
colonne From Name) et le nom de la personne avec laquelle vous
interagissez le plus (colonne ToName). Répéter l'opération trois
fois pour indiquer les trois personnes avec lesquelles vous
interagissez le plus. Enfin, ajoutez une seule fois votre nom dans
l'onglet Nodes. »

Étape 6 : Attendez que tous les membres de la communauté
remplissent le fichier.

Étape 7 : Connectez-vous à l'outil de visualisation de
graphes Graph Commons via l'URL suivante :
<u>https://graphcommons.com/</u>

Cliquez sur créer un nouveau graphe puis sur importer. Collez
alors le lien du fichier sauvegardé à l'étape 5. Validez et passez à
l'étape 8.

**En cas de problème, se référer à la liste ci-dessous pour
garantir la qualité du fichier :**

☐ Chaque membre a bien identifié 3 personnes
☐ Chaque membre a renseigné son nom dans l'onglet Nodes
☐ Le nom d'un même membre à toujours la même graphie
☐ Le fichier n'a pas de cellules vides dans les lignes renseignées
☐ Le fichier ne comporte pas de caractères spéciaux
☐ Toutes les cellules non utilisées sont vides

Étape 8 : Utilisez le visuel pour analyser le graphe de votre
communauté (positionnement des acteurs dans le réseau, les plus
influents, les plus périphériques, le nombre de groupes, etc.).
Utilisez la page suivante pour noter vos résultats.

 Si vous le souhaitez, vous pouvez créer votre graphe à
la main comme le faisaient les premiers sociologues.
Pour cela, collectez sur un bout de papier les choix des

membres de la communauté (moins de 30 membres pour éviter un travail trop fastidieux). Ensuite, placez-les sur un graphe et tissez à la main les liens. Une manière de procéder est d'identifier les individus les plus mentionnés et de les positionner vers le centre et les nœuds les moins connectés et de les positionner vers la périphérie.

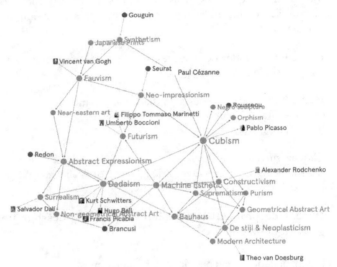

Figure 9 : Exemple de graphe obtenu sur la plateforme Common Graphs. Ce dernier représente les mouvements de cubisme et d'art abstrait entre 1890-1935.

Mes prises de notes

8 LES DISTANCES

8.1 L'expérience de Milgram

Le psychologue social **Stanley Milgram** a souhaité dans les années 1960 identifier la distance qui séparait chaque individu de la planète. Il a imaginé une expérience afin d'estimer le nombre de poignées de mains nécessaires pour relier tout individu de la planète. La poignée de main est ici le symbole de quelqu'un que vous connaissez au point de vous arrêter pour lui serrer la main si vous le croisez dans la rue.

À votre avis combien d'individus existe-t-il en moyenne entre tous les individus de la planète ?

> *Mes estimations et ma réponse*
>
>
>
>
>
>
>
> *À l'époque Milgram questionna l'intuition de ses collègues scientifiques et obtenu comme réponse intuitive le chiffre de 100.*

Pour obtenir une réponse scientifique à une époque où les nouvelles technologies de la communication n'existaient pas, Milgram utilisa le courrier. Le chercheur transmit des missives à des volontaires américains situés à Wichita et Omaha. Leur mission fut de transmettre un courrier à un individu cible. Il choisit pour cela deux cibles, l'un situé à Boston et l'autre à Sharon. Ainsi, chaque participant de l'expérience devait transmettre le courrier à une de ses connaissances et ainsi de suite jusqu'à arriver à la personne cible. Plusieurs cas de figure se présentaient à un individu recevant un courrier :

1) Il connait directement la personne cible. Dans ce cas, il transmet le courrier à celle-ci et l'expérience se termine.
2) Il ne connait pas la personne cible. Dans ce cas, il transmet le courrier à une personne de son entourage susceptible de connaitre l'individu cible ;
3) Il n'a pas de contacts susceptibles de connaitre la personne cible. Il transmet le courrier à une connaissance qui habite plus près de la zone du récepteur final.

Milgram envoya un total de 296 courriers dont seulement 64 atteignirent leur destinataire final. À la suite de cette expérience, il obtenu le chiffre moyen de 5,2 intermédiaires arrondi à **6** dans la mémoire collective. Les six poignées de main étaient nées, le monde s'était rétréci.

Que pensez-vous du nombre de Milgram par rapport à nos réseaux de communication modernes (par exemple Facebook) ?

Réponse :
☐ Nous sommes plus proches (<6)
☐ Nous sommes aussi proches (=6)
☐ Nous sommes plus éloignés (>6)

Vous avez répondu ?

Si oui, scannez le QR-Code à droite pour obtenir la bonne réponse et quelques explications complémentaires.

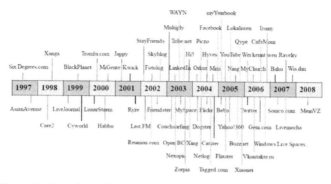

Figure 10 : Ordre d'apparition des réseaux sociaux numériques à partir de 1997 et jusqu'à 2008.

En consultant l'ordre d'apparition des réseaux sociaux numériques, vous découvrirez que le plus ancien créé en 1997 portait le nom de **Six degrees**, en référence aux six degrés de séparation de l'expérience de Stanley Milgram.

L'expérience inspira **John Guare** qui lui consacra une pièce de théâtre : les six degrés de séparation. On y retrouve avec plaisir le monologue de Ouisa qui s'interroge sur le phénomène : «J'ai lu quelque part que tout le monde sur cette planète n'est séparé que par six autres personnes. Six degrés de séparation. Entre nous et tous les autres sur la planète. Le président des États-Unis. Un gondolier à Venise. Remplissez les noms. Je trouve cela extrêmement réconfortant que nous soyons si proches. En même temps, cela parait un supplice. Parce que vous devez trouver les six personnes appropriées pour établir la connexion. Je suis lié à tout le monde sur la planète par une série de six personnes. C'est une pensée profonde.»

(((🔊))) À ce stade de votre avancement, nous vous conseillons l'écoute de l'épisode « L'expérience de Milgram » du podcast un monde en réseau.

8.2   Mesurer les distances

Pour mesurer de manière fiable l'hypothèse de Milgram sur les réseaux, nous devons appréhender la notion de **distance**. Cette dernière est fondamentale pour de nombreuses applications de la science des réseaux. Pour définir le concept de distance, il est essentiel de commencer par celle de **chemin**.

Définition : Un **chemin** est une séquence de nœuds tel que chaque nœud est connecté au nœud suivant par un lien. Le nœud de départ est appelé **source** et le nœud d'arrivée **destination**.

Sur le graphe de la prochaine page (figure 11), identifiez les chemins possibles entre les nœuds sources et destinations proposés dans le tableau. Renseignez les intermédiaires. Vous n'êtes pas obligé d'avoir exactement trois intermédiaires à chaque fois.

Indiquez des chemins possibles entre la source et la destination.

Source	Intermédiaire	Intermédiaire	Intermédiaire	Destination
3				6
5				2
1				6
2				3

Mes notes

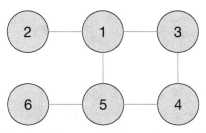

Figure 11 : Graphe de petite taille illustrant le concept de distance

Dans l'étude d'un graphe, il est souvent utile de rechercher le plus court chemin. Dans ce cadre, il s'agit du chemin impliquant le moins de liens empruntés. C'est peut-être inconsciemment le plus court chemin que vous avez utilisé dans l'exercice précédent.

Définition : La **longueur** du plus court chemin est appelée **distance** entre deux nœuds. Cette distance s'appréhende en comptant le nombre de liens empruntés.

Complétez le tableau des distances entre les nœuds du graphe.

Source	Destination	Distance
1	2	1
1	3	1
1	4	2
1	5	1
1	6	2
2	3	2
2	4	3
2	5	
2	6	
3	4	
3	5	
3	6	
4	5	
4	6	
5	6	

Distance moyenne	_____
Diamètre	_____

La distance maximale, autrement dit, le plus long des plus courts chemins entre tous les nœuds du graphe est dénommé le **diamètre** (D) d'un graphe.

> **Définition** : La **distance moyenne** des nœuds d'un graphe est le nombre moyen qui séparent en moyenne tous les couples de nœuds d'un graphe.

On obtient sa formulation mathématique en additionnant la longueur des plus courts chemins entre tous les couples de nœuds d'un graphe, puis en la divisant par le nombre de couples du graphe.

Le nombre de couples est obtenu de la même manière que le nombre maximum de liens possibles dans un graphe. En effet, chaque chemin peut théoriquement avoir une longueur de 1 si tous les nœuds sont directement reliés. Dans ce cas, la distance moyenne serait égale à un et le graphe serait un graphe complet (graphe dont tous les liens existent - voir figure 4).

La distance moyenne est mathématiquement calculée comme suit :

$$\langle d \rangle = \frac{1}{L_{Max}} \sum_{i,j>i} d_{ij}$$

$< d >$ étant la distance moyenne
L_{Max} le nombre maximum de liens du graphe
$d_{i,j}$ la distance entre les nœuds i et j

Si vous n'êtes pas habitué au symbole Σ (somme), il implique la somme de l'élément devant lequel il se trouve selon les conditions explicitées. Ci-dessus, les conditions concernent les couples i, j

dont j est supérieur à i. La version développée de la somme pour un graphe de quatre nœuds est alors :

$$\sum_{i,j>i} d_{i,j} = d_{1,2} + d_{1,3} + d_{1,4} + d_{2,3} + d_{2,4} + d_{3,4}$$

Calculez la distance moyenne du graphe précédent avec l'aide de la formule et du tableau des distances.

Indiquez vos calculs ici

Scannez pour obtenir la solution et le détail du calcul.

La distance moyenne est égale à _____

Mes prises de notes

8.3   Vers l'équation du petit monde

Considérons un graphe aléatoire $G(N, L)$ représentant la société humaine à l'échelle mondiale. Ce dernier est supposé de degré moyen dénoté : $< k >$.

1. Estimez le nombre moyen de personnes $N(d = 1)$, qui se situe à une distance exactement égale à 1 d'un individu du graphe. Ce peut-être vous !

2. Estimez maintenant le nombre moyen de personnes se situant à une distance exactement égale à 2, puis 3, jusqu'à d_{max} $(d \epsilon [\![2,3 \dots, d_{max}]\!])$.

    $N(d = 1) =$

    $N(d = 2) =$

    $N(d = 3) =$

    $\dots$

    $N(d = d_{max}) =$

3. En utilisant vos résultats, estimez le nombre de personnes à une distance exacte $d \epsilon [\![2,3 \dots, d_{max}]\!]$ d'un individu donné appartenant à la société (en supposant que la société soit un graphe aléatoire). Notez que selon le sociologue Dunbar, le nombre moyen de connaissances d'une personne est égal à $< k > = 150$. Ce nombre est connu sous le nom de nombre de Dunbar.

4. À partir de quelle valeur de d le nombre de nœuds dépasse le nombre d'habitants de la planète ? Que pensez-vous de ce résultat ?

5. Quel est le nombre de personnes estimé à une distance égale ou supérieure à $d \epsilon [\![2,3 \dots, d_{max}]\!]$ d'un nœud donné. On note cette valeur $N(d < i)$. Exprimez cette valeur en fonction de $< k >$.

Jusqu'à	Formule
1	$N(d \leq 1) \approx$
2	$N(d \leq 2) \approx$
3	$N(d \leq 3) \approx$
4	$N(d \leq 4) \approx$
d	$N(d) \approx$

6. Simplifiez l'expression de $N(d)$.

$$N(d) \approx 1 + < k > + < k >^2 + \cdots + < k >^d$$

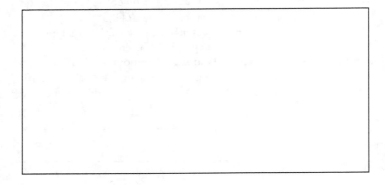

Solution:

$$N(d) \approx 1+< k > +< k >^2 + \cdots + < k >^d \qquad (1)$$

Donc :

$$< k >.N(d) \approx < k > +< k >^2 + \cdots + < k >^{d+1} \qquad (2)$$

Puis :
$$< k >.N(d) - N(d) \approx < k >^{d+1} - 1 \qquad (2) - (1)$$

$$N(d) \approx \frac{< k >^{d+1} - 1}{< k > -1}$$

7. Étant donné que $N(d)$ ne peut pas dépasser le nombre de nœuds du graphe, il existe une valeur d_{max} telle que $N(d) \approx N$. En supposant que <k> soit très largement supérieur à la valeur 1, exprimez d_{max} en fonction de N et $< k >$.

Solution:

$$N(d) \approx \frac{<k>^{d+1} - 1}{<k> - 1}$$

$$N \approx \frac{<k>^{dmax+1}}{<k>}$$

$$N \approx <k>^{dmax}$$

$$\ln(N) \approx \ln(<k>^{dmax})$$

$$\ln(N) \approx d_{max} \ln(<k>)$$

$$d_{max} \approx \frac{\ln(N)}{\ln(<k>)}$$

La dernière équation indique que la distance maximale entre deux individus du graphe n'est pas proportionnelle au nombre de nœuds, mais à son logarithme. Ainsi, multiplier par 10 le nombre d'habitants de la planète, ne multiplierait pas par dix la distance entre eux. Le logarithme a pour effet de rendre les individus proches même à large échelle.

Dans les graphes réels, l'équation ci-dessus correspond plus souvent à la distance moyenne $<d>$ qu'à la distance maximale. La propriété du **petit monde** est (partiellement) caractérisée par l'équation :

$$<d> \approx \frac{\ln(N)}{\ln(<k>)} \ (\text{éq. 2})$$

Étant donné une distance moyenne entre les utilisateurs de Facebook de 3.5, un nombre de contacts Facebook en moyenne de 300 et un nombre total d'utilisateurs de 3 milliards, testez si Facebook répond au critère du petit monde.

Indiquez vos calculs ici

Facebook _____ un petit monde.

9 L'IMPORTANCE DES ACTEURS

Afin d'identifier les nœuds importants dans les graphes, on a recours aux indicateurs de **centralité**. Cette approche permet d'identifier les utilisateurs les plus influents, les experts d'un domaine, les pages web les plus importantes, les infrastructures les plus critiques, etc.

L'importance d'un nœud dans un graphe peut s'appréhender comme un avantage positionnel qu'obtient celui-ci sur les autres. La question cruciale concerne la manière de définir l'importance d'un nœud par rapport aux autres.

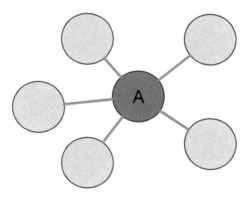

Figure 12 : Graphe en étoile illustrant la centralité de A

Afin d'identifier la notion de centralité, le sociologue **Linton Clarke Freeman** proposa le graphe de la figure 12. En étudiant la position de A par rapport aux autres nœuds, il identifia trois avantages de ce dernier par rapport aux autres acteurs.

Observez le graphe et identifiez les trois avantages positionnels de A par rapport aux autres nœuds.

Avantage 1 :

Avantage 2 :

Avantage 3 :

9.1 Le degré

L'avantage le plus évident est celui du **nombre de liens**. Plus le nombre de liens d'un nœud est grand et plus le nœud est « important ». Le degré d'un nœud v est dénoté k_v ou $deg(v)$ et est égal au nombre de liens adjacents à ce nœud. On parle de **centralité de degrés** (C_d) ou plus simplement de degré.

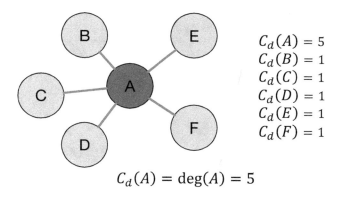

$$C_d(A) = 5$$
$$C_d(B) = 1$$
$$C_d(C) = 1$$
$$C_d(D) = 1$$
$$C_d(E) = 1$$
$$C_d(F) = 1$$

$$C_d(A) = \deg(A) = 5$$

Notons que dans le cas où le graphe est orienté, on peut distinguer le **degré entrant** (nombre de liens arrivant au nœud), du **degré sortant** (nombre de liens partant du nœud).

 On dénomme **hubs** les nœuds dont le nombre de liens est très largement supérieur au degré moyen.

9.2 La proximité

Un autre avantage d'un nœud par rapport aux autres est celui de la **proximité**. Sous cet indicateur, un nœud v est considéré d'autant plus important qu'il est proche de tous les autres. On parle de **centralité de proximité** (C_p) pour identifier cette mesure. Elle se calcule de manière triviale à partir de l'indicateur de distance d vu en section 8.2. On calcule la distance moyenne du nœud à tous les autres nœuds du graphe et on inverse ce chiffre.

$$C_p(v) = \frac{N}{\sum_y d(y, v)}$$

$d(y, v)$ étant la distance de y à v
$C_p(v)$ la centralité de proximité
N le nombre de nœuds du graphe

Quelquefois, le numérateur est remplacé par N-1. Cette pratique s'explique par le fait que la distance d'un nœud du graphe à lui-même est nulle. Il est donc inutile de l'intégrer dans la somme. Il n'y a pas de convention préférée et les deux formules permettent une comparaison des valeurs de centralité.

Nous illustrons les calculs sur le graphe en étoile.

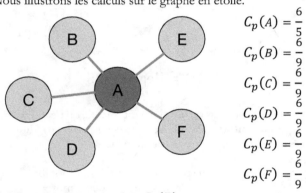

$$C_p(A) = \frac{6}{5}$$
$$C_p(B) = \frac{6}{9}$$
$$C_p(C) = \frac{6}{9}$$
$$C_p(D) = \frac{6}{9}$$
$$C_p(E) = \frac{6}{9}$$
$$C_p(F) = \frac{6}{9}$$

Voici en détail le calcul de $C_p(B)$

Source	Cible	Distance
A	B	1
C	B	2
D	B	2
E	B	2
F	B	2
$\sum_y d(y, v)$		9

Nous avons donc :

$$C_p(B) = \frac{6}{\sum_y d(y, v)}$$

Et enfin :

$$C_p(B) = \frac{6}{9}$$

Notons que si le graphe contient plusieurs composantes, certains nœuds ne sont pas liés entre eux. Dans ce cas, la distance qui les sépare est infinie. Cela pose une difficulté car la centralité devient automatiquement nulle. Pour pallier ce problème, d'autres formulations de centralité de proximité sont proposées dans la littérature. Par exemple, la formulation ci-dessous permet de régler le problème de nœuds non reliés dont la distance est infinie. Cette dernière ne contribuera pas à la somme et pénalisera donc le nœud vis-à-vis de la centralité de proximité.

$$C'_p(v) = \frac{1}{N-1} \sum_y \frac{1}{d(y, v)}$$

Cette dernière formulation est malgré tout peu utilisée.

9.3   L'intermédiarité

Un autre avantage possible d'un nœud par rapport à un autre est celui de se situer **entre les autres**. Plus précisément, sur le plus court chemin séparant les autres nœuds. La **centralité d'intermédiarité** (C_I) d'un nœud v est égal à la somme pour chaque couple de nœuds, du nombre de plus courts chemins qui passent par le nœud v divisé par le nombre de plus courts chemins entre ces deux nœuds.

$$C_I(v) = \sum_{v \neq s \neq t} \frac{\sigma_{st}(v)}{\sigma_{st}}$$

σ_{st} étant le nombre de plus courts chemins entre s et t

$\sigma_{st}(v)$ le nombre de plus courts chemins entre s et t passant par v.

Calculez la centralité d'intermédiarité pour chacun des nœuds du graphe en étoile

Scannez pour obtenir
le détail du calcul

Notons que de nombreux indicateurs de centralité existent et correspondent à d'autres hypothèses sur l'importance des acteurs. Par exemple, le pouvoir d'infection d'un nœud peut être mesuré par des modèles de **virologie**.

Observez le graphe des interactions entre les personnages du film Matrix sur la page suivante. L'image a été obtenue grâce au site http://moviegalaxies.com/ qui dispose d'une base de données de films représentés par les interactions entre les personnages.

Un monde en réseau

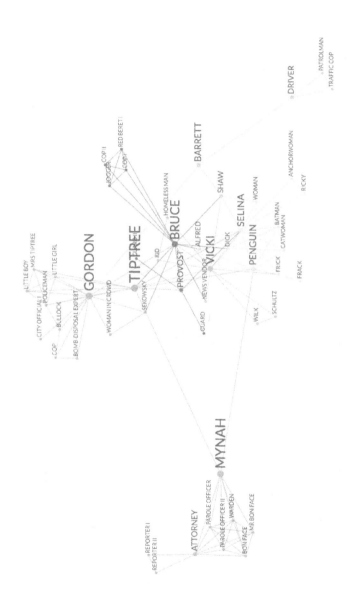

59

Quels sont les trois personnages principaux du film Matrix (en termes de degrés) ?

1 _____ 2 _____ 3 _____

Quel personnage du film malgré une centralité de degré faible semble important grâce à une centralité d'intermédiarité élevée ?

_____

Ce que m'inspire le graphe du film

Pour découvrir les graphes de nombreux autres films, vous pouvez utiliser le QR-Code ci-dessous qui vous mènera vers la galerie du site.

10 DISTRIBUTION DES DEGRÉS

Nous souhaitons désormais obtenir une vision globale de la répartition des liens entre les acteurs d'un réseau. Nous cherchons donc à répondre à la question suivante : quelle est la proportion d'acteurs ayant seulement un lien ? Celle en ayant 2, 3 ou même beaucoup plus ?

La **distribution des degrés** permet de mesurer cette probabilité et de déduire la répartition des liens parmi les nœuds du graphe.

Définition : On note $p(k)$ la **probabilité** qu'un nœud choisi aléatoirement dans le graphe ait un degré exactement égal à k.

Elle se calcule de la manière suivante :

Nombre de nœuds au degré k

$$p_k = \frac{N_k}{N}$$

Nombre total de nœuds

Pour construire une distribution des degrés, il suffit de calculer la suite des p_k pour toutes les valeurs possibles de k, partant de 1 jusqu'au degré maximum k_{max}.

La somme des probabilités des degrés doit être égale à un. Il est donc facile de vérifier son calcul en s'assurant d'obtenir : $\sum_k p_k = 1$.

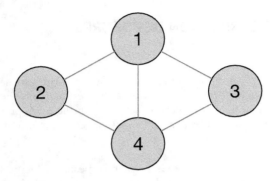

Sur l'exemple ci-dessus, nous pouvons identifier la probabilité qu'un nœud du graphe ait un degré exactement égal à 1. Nous n'observons aucun nœud avec un seul lien. Le résultat est donc nul pour $p_{k=1}$.

Nous avons cependant 2 nœuds avec 2 liens. Nous obtenons donc $p_{k=2} = 2/4$ et 2 nœuds avec 3 liens donc $p_{k=3} = 2/4$. Aucun nœud n'a plus de 3 liens, nous avons donc $p_{k>3} = 0$. La somme des probabilités est bien égale à 1, ce qui corrobore nos observations.

Nous pouvons désormais représenter le graphe de la distribution des degrés de la manière suivante.

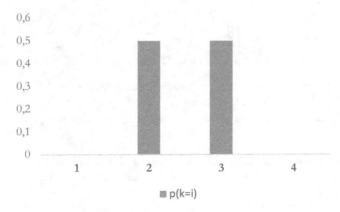

Figure 13 : Distribution des degrés du graphe

Ce graphe est extrêmement simple, il nous permet de conclure en précisant qu'il existe une chance sur deux pour qu'un membre du réseau ait exactement 2 liens et une chance sur deux pour qu'il en ait exactement 3.

Le **degré moyen** peut s'obtenir grâce à cette distribution. Pour chaque valeur de k, il suffit d'additionner k multiplié à sa probabilité associée.

$$< k > = \sum_{k=1}^{k_{max}} k p_k$$

Dans notre exemple :

$$< k > = \sum_{k=1}^{k_{max}} k p_k = 1 * p_{k=1} + 2 * p_{k=2} + 3 * p_{k=3}$$

Vous pouvez compléter puis calculer

$$< k > = \sum_{k=1}^{k_{max}} k p_k = 1 * \underline{\quad} + 2 * \underline{\quad} + 3 * \underline{\quad}$$

$$< k > = \underline{\quad\quad}$$

La manière plus directe, mais moins efficace permet de corroborer le calcul en additionnant le degré de chaque nœud et en divisant par leur nombre.

Complétez puis calculez

$$< k >= \frac{1}{N}\sum_i k_i$$

$$< k >= \frac{1}{4}(k_1 + k_2 + k_3 + k_4)$$

$$< k >= \frac{1}{4}(\_ + \_ + \_ + \_)$$

$$< k >= \underline{\hspace{2cm}}$$

À vous de pratiquer

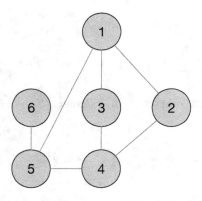

Remplissez le tableau ci-dessous avec les valeurs du graphe.

Probabilité	Valeur
$p_{k=0}$	
$p_{k=1}$	
$p_{k=2}$	
$p_{k=3}$	
$p_{k=4}$	
$p_{k=5}$	
Total	1

Servez-vous de vos résultats pour calculer le degré moyen

Degré moyen

Représentez graphiquement la distribution des degrés

p_k

k

Interprétation de la distribution obtenue

Dans certains graphes, on observe qu'un petit nombre de nœuds (individus) détient un nombre considérable de liens, tandis qu'un grand nombre d'individus n'en possède que quelques-uns. Cette observation est en corrélation avec la célèbre **loi de Pareto**, également connue sous le nom de loi 80/20 ou loi de l'inégalité. La loi de Pareto stipule que près de 80 % des effets sont le résultat de seulement 20 % des causes. Cela signifie que dans de nombreux systèmes complexes, une minorité d'éléments joue un rôle prédominant, tandis que la majorité contribue de manière moins significative. Cette loi trouve une application pertinente dans l'étude des réseaux sociaux, où quelques individus clés peuvent exercer une influence considérable, tandis que la majorité des membres ont une influence plus limitée. Comprendre cette dynamique de concentration des liens dans les graphes peut nous aider à appréhender les mécanismes sous-jacents qui régissent les interactions sociales et les inégalités au sein des réseaux.

Mes prises de notes

11 COEFFICIENT DE CLUSTERING LOCAL ET CAPITAL SOCIAL

11.1 Coefficient de clustering

Le **coefficient de clustering local** est une mesure qui caractérise le niveau de connectivité (densité) de l'environnement local d'un nœud. Ce coefficient sera d'autant plus faible que les contacts du nœud analysé sont déconnectés les uns des autres et d'autant plus fort qu'ils sont liés les uns aux autres.

Pour mesurer à quel point le voisinage d'un nœud v est dense (le nombre de nœud de ce voisinage est par définition égal à k_v), il suffit de comptabiliser le nombre de liens existants entre ses voisins (dénoté e_v), en prenant soin de le retirer du comptage, et de diviser le chiffre obtenu par le maximum possible de liens qu'ils auraient pu avoir ($k_v(k_v - 1)/2$).

Définition : Le **coefficient de clustering local** (CCL) d'un nœud v mesure la probabilité que deux de ses voisins choisis aléatoirement soient connectés. Il se calcule de la manière suivante :

$$CCL_v = \frac{2e_v}{k_v(k_v-1)}$$

e_v est le nombre de liens qui existent entre les voisins de v.
k_v est le degré du nœud v.

 Pour calculer simplement le CCL, il convient d'identifier la position du nœud dans le graphe. De comptabiliser les liens existant entre l'ensemble de ses k_v voisins et de diviser le chiffre par $k_v *(k_v -1))/2$. Le chiffre obtenu est systématiquement supérieur ou égal à 0 et inférieur ou égal à 1.

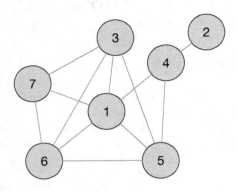

Pour obtenir le coefficient de clustering local du nœud 1, nous pouvons respecter les étapes suivantes :

1. Tout d'abord, nous identifions tous ses voisins. Le nœud 1 a comme voisins {3,4,5,6,7}.

2. Nous identifions entre ces 5 voisins, un total de **6 liens** qui sont les suivants (nous ne comptons pas les liens de 1 à ses voisins):
   {(3,5), (3,6), (3,7), (4,5), (5,6), (6,7)}.

3. Entre ces 5 voisins, s'ils étaient tous connectés les uns aux autres, nous aurions $(5 * (5 - 1))/2$ liens (voir équation 1 page 20). C'est-à-dire **10 liens**. On peut facilement le vérifier à l'aide d'un croquis représentant un graphe complet d'ordre 5.

4. Nous divisons le chiffre obtenu en (2) par le chiffre obtenu en (3) pour obtenir la valeur finale.
   $CCL(1) = 6/10$.

5. En conséquence, il existe 60 % de chance que deux voisins de 1 choisis aléatoirement soient connectés entre eux.

Le **coefficient de clustering local** du nœud 1 est de **0,6**.

À vous de pratiquer

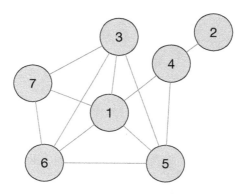

Calculez le coefficient de clustering du nœud 3.

Pour le nœud 3 :

1. Tout d'abord, nous identifions tous ses voisins. Le nœud 3 a comme voisins _____.
2. Nous identifions entre ces __ voisins, un total de __ **liens** qui sont les suivants : {_____}.
3. Entre ces __ voisins, s'ils étaient tous connectés les uns aux autres, nous aurions $(\_ * (\_ - 1))/2$ liens (voir équation 1 page 14). C'est-à-dire __ **liens**.
4. Nous divisons le chiffre obtenu en (2) par le chiffre obtenu en (3) pour obtenir la valeur finale.
    CCL(3) = $\_/\_$.
5. En conséquence, il existe __ % de chance que deux voisins de 3 choisis aléatoirement soient connectés entre eux.

Le **coefficient de clustering local** du nœud 3 est de _____.

Calculez le coefficient de clustering pour tous les autres nœuds.

Complétez le tableau ci-dessous :

Nœud	Coefficient de clustering local
1	0,6
2	
3	
4	
5	
6	
7	
Moyenne	

La moyenne, pour tous les nœuds du graphe, du coefficient de clustering local est dénommé le **coefficient local moyen.** C'est une mesure du regroupement des nœuds dans un réseau.

Scannez pour obtenir la
solution de l'exercice

Mes prises de notes

11.2   Capital social

Le **capital social** est un concept multidimensionnel dont la structure du réseau est l'une des facettes. L'hypothèse sous-jacente au capital social dit structurel est la suivante : des personnes réussissant mieux sont en quelque sorte mieux connectées, mieux positionnées dans le réseau. On l'a notamment vu avec les indicateurs de centralité qui en sont une expression possible.

Cette forme de capital non monétaire a été identifiée et mesurée par des sociologues tels que **Ronald Burt** ou **James S. Coleman**. Ils ont sublimé l'importance de cette autre forme de capital : l'humain. Il s'exprime par les caractéristiques de l'organisation sociale qui facilitent la coordination et la coopération. Selon le sociologue James Coleman, à l'instar des autres formes de capital, le capital social est productif et permet d'atteindre des objectifs qui ne seraient pas réalisables en son absence. Au fil des décennies, cette théorie a prouvé sa pertinence dans l'évaluation de la performance, du leadership stratégique, de l'innovation et de la prise de décision.

Historiquement, il existe deux grandes perspectives du capital social structurel qui confèrent à certaines personnes des avantages en fonction de leur position dans le graphe social. Nous les présentons ci-dessous.

Première vision

Mark Granovetter et Ronald Burt vont proposer une première facette du capital social structurel. Partant du principe que l'enfermement dans une communauté augmente la redondance d'information, ils vont étudier la force des liens faibles, ceux qui ne sont pas source de redondance et qui permettent une diversité de nos échanges, de nos sources d'information et de nos intérêts. Selon Ronald Burt, l'avantage serait lié aux trous structuraux qui séparent les contacts non redondants. Des contacts qui appartiennent à des communautés de natures différentes. Un réseau non redondant permet l'accès à différentes sources d'information et autorise une diffusion efficace de l'information favorisant l'innovation et la performance.

Seconde vision

James S. Coleman va promouvoir une forme alternative apportée par la cohésion. Un individu ayant un entourage très connecté signifie que le groupe auquel il appartient est soudé. Ainsi, la confiance et le partage de bonnes pratiques sont effectués de manière efficace. De plus, il y a peu de risque de perte d'information, car tous les acteurs sont proches. Enfin, les normes sociales y sont possiblement plus prononcées et un individu ne partageant pas les valeurs du groupe serait facilement exclu de ce dernier.

Si le coefficient de clustering local n'est pas à proprement parler utilisé dans les mesures proposées par les experts du capital social. Il peut toutefois se rapprocher des deux visions décrites dans cette section, à savoir l'appartenance à une communauté fermée et soudée (CCL fort – vision de Coleman) ou une position plutôt ouverte entre les communautés (CCL faible – vision de Burt).

((⌢)) À ce stade de votre progression, nous vous recommandons la lecture de l'épisode de podcast « le capital social ».

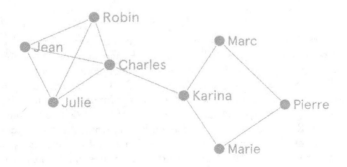

Calculez le CCL de chaque nœud du graphe ci-dessus. Identifiez le type de capital social qui correspond à chacun.

Noeud	Coefficient de clustering local (CCL)	Type de capital social (Burt vs Coleman)
Jean		
Robin		
Julie		
Charles		
Karina		
Marie		
Marc		
Pierre		

Mes calculs ici

À vous de pratiquer

Pour savoir quel est votre type de capital social, nous vous proposons de reprendre l'exercice d'analyse d'une communauté faite en section 7 et d'y intégrer une étude simplifiée du capital social selon deux axes le CCL et le degré entrant.

À partir du graphe obtenu lors de la section 6, remplissez le tableau suivant afin d'étudier le capital social des participants.

 Si vous faites l'exercice en groupe (par exemple pour le réseau social d'une classe). Utilisez un post-it par membre du groupe. Indiquez votre nom, le degré et le CCL sur le post-it. Ensuite, utilisez un grand tableau pour placer votre post-it et réalisez l'étude de vos positions respectives.

Nom du membre	Degré entrant	Coefficient de clustering local

Représentez ci-dessous chaque membre en fonction de son degré entrant et de son coefficient de clustering local.

Ajoutez au graphe précédent des lignes pointillées pour marquer les valeurs moyennes et dessiner ainsi un cadran.

Calcul de la moyenne du degré entrant.

Calcul de la moyenne du coefficient de clustering local.

Analysez votre position par rapport aux deux formes de capital social. Êtes-vous dans un cercle de confiance, de petite taille à la densité forte ou plutôt entre les groupes ? Discutez vos avantages et inconvénients.

Ce que m'inspire ma position dans le graphe et commentaire sur chacun des quatre cadrans.

12 VISUALISATION DE GRAPHES

Dans cette section, vous allez pouvoir investiguer visuellement des graphes de manière interactive avec le logiciel gratuit Gephi.

12.1 Installation

Le logiciel Gephi requiert la version 7 ou 8 de java. Vous devez donc télécharger et installer **préalablement** Java 7 ou 8. https://www.java.com/fr/download/

La visualisation des données (sous forme de graphes) requiert le logiciel Gephi disponible au téléchargement sur Windows et Mac à l'adresse https://gephi.org/users/download/. Suivre les instructions pour l'installation de Gephi à la page suivante https://gephi.org/users/install/

Pour débuter, suivre le tutoriel de démarrage disponible à l'URL suivante https://gephi.org/users/quick-start/.

Important : En cas d'échec de l'ouverture de l'application, il peut être nécessaire de modifier le fichier de configuration gephi.conf afin d'indiquer l'emplacement de java. Pour cela, ajoutez la ligne jdkhome="emplacement du jre" au fichier en indiquant l'emplacement de votre JRE.

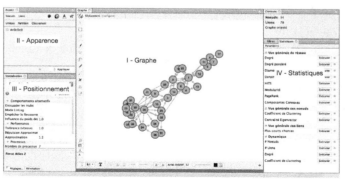

L'interface graphique de Gephi

La fenêtre principale du logiciel se découpe en 4 écrans qui sont les suivants :

1. **Graphe** : fenêtre d'affichage du graphe. Depuis cette fenêtre, il est possible de déplacer des nœuds et d'ajuster le zoom de l'affichage.

2. **Apparence** : Il s'agit de la fenêtre permettant de contrôler la taille des nœuds, mais aussi leur couleur. Ces deux paramètres visuels peuvent représenter les métriques de votre choix. Toutefois, il est habituel de rendre la taille des nœuds proportionnels à leur degré.

3. **Positionnement** : C'est la fenêtre qui permet de positionner les nœuds du graphe dans l'espace. Différents algorithmes peuvent s'appliquer dans cet objectif, mais nous utilisons souvent Force Atlas. Ce dernier s'appuie sur les forces d'attraction et de répulsion pour positionner les nœuds.

4. **Statistiques** : Onglet de calcul sur le graphe. Il permet d'obtenir la distribution des degrés, les algorithmes d'analyse des réseaux sociaux (densité, clustering, plus courts chemins). Le calcul des degrés, disponible depuis cette fenêtre, est un prérequis avant de pouvoir ensuite s'en servir pour définir l'apparence du graphe (fenêtre 2).

12.2 Visualisation

Pour commencer, téléchargez le fichier GML du club de Karaté « **Zachary's karate club** » sur la page suivante :

https://docs.gephi.org/desktop/User_Manual/Datasets/

Pensez, si nécessaire, à le décompresser une fois téléchargé.

Ce graphe est celui des membres d'un club de Karaté analysé par **Wayne W. Zachary** afin de comprendre les sources de fissions dans un groupe. En effet, à l'époque, le club est sous pression à cause des frictions entre le président et l'instructeur. L'instructeur souhaitait augmenter les tarifs des leçons tandis que le président s'y opposait. Zachary va tisser le graphe des relations en observant les interactions entre les membres du club en dehors des séances d'entrainement. Sur cette base, il fournira le graphe que nous allons étudier.

La procédure complète de visualisation du graphe peut être consultée sur YouTube avec le QR code situé à droite.

Depuis la fenêtre principale, cliquez sur ouvrir puis choisissez le fichier du club de Karaté.

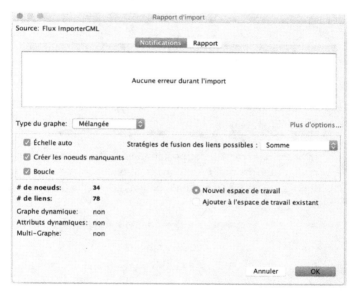

Une première fenêtre vous indique que le fichier a été lu correctement. Le graphe dispose de 34 nœuds et de 78 liens. Vous pouvez cliquer sur OK pour démarrer.

Une première visualisation est proposée. Celle-ci n'est pas exploitable, car elle ne porte pas d'éléments permettant une interprétation de la situation. Nous allons utiliser Gephi pour en faire un visuel riche en enseignements.

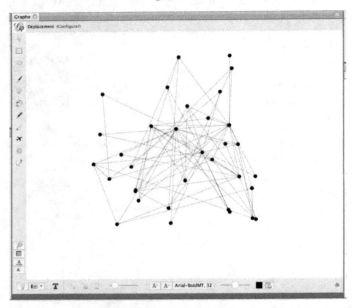

En utilisant la fenêtre de positionnement, commencez par appliquer **l'algorithme Force Atlas** afin de positionner dans l'espace, les nœuds du graphe en fonction de leurs liens aux autres nœuds.

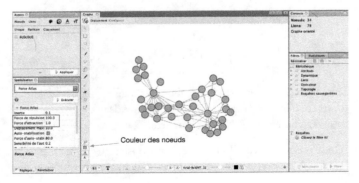

Couleur des noeuds

Pour obtenir une visualisation conforme à l'image, ajustez les paramètres Force de répulsion à 100.0 et Force d'attraction à 1.0. Ensuite, validez Force Atlas. Finalement, cliquez en bas à gauche de la fenêtre du graphe pour passer en gris les nœuds du graphe. Enfin, ajustez avec le zoom.

Nous allons désormais étudier les degrés des nœuds avec l'aide de la fenêtre statistique.

Cliquez sur **exécuter** en face de Degré. À partir de cet instant, l'ensemble des liens de chaque nœud a été comptabilisé. Vous observez le degré moyen apparaitre.

Pour observer le degré de chaque nœud, allez sur l'onglet **laboratoire des données.** L'ensemble des statistiques calculées apparaitront dans cet onglet au fur et à mesure.

Ce laboratoire permet de manipuler les données du graphe, de les exporter, mais aussi de trier certaines variables pour les analyser.

À l'aide du laboratoire, remplissez le tableau ci-dessous pour les nœuds ayant le plus fort degré.

Numéro du nœud	Degré

De retour dans la vue d'ensemble, nous allons maintenant afficher les numéros des nœuds sur le visuel. Pour cela, (1) cliquez sur le T en bas de la fenêtre de graphe. Ensuite, ajustez la taille d'affichage du label avec l'aide du curseur (2).

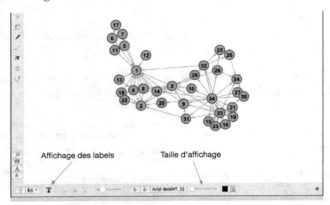

L'instructeur et le président ont les numéros 1 et 34. Le degré de ces deux nœuds vous surprend-il ?

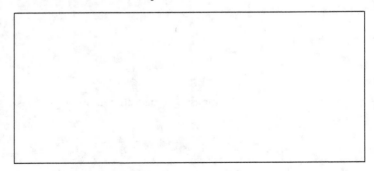

Appliquer les différents indicateurs de centralité au graphe (centralité d'intermédiarité, centralité de proximité, etc.).

Pour chaque indicateur, indiquez le TOP 5 des profils (utilisez le laboratoire de données Gephi) et les valeurs associées dans les tableaux ci-dessous.

Numéro du nœud	Intermédiarité - betweenness

Numéro du nœud	Proximité - closeness

Que notez-vous de surprenant ?

Nous allons désormais modifier la taille d'affichage des nœuds en fonction de leur degré. Les nœuds les plus importants apparaitront plus grands. Depuis la fenêtre apparence, cliquez sur l'icône taille (1-les cercles intriqués), puis Classement (2) et enfin sélectionnez Degré (3). Si ce choix n'apparait pas alors, vous avez peut-être oublié d'exécuter le calcul du degré depuis la fenêtre statistique.

Utilisez les paramètres indiqués sur la figure et (4) appliquez la modification.

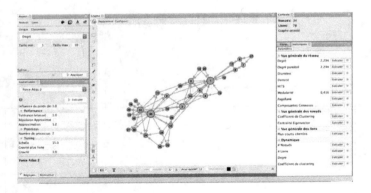

Enfin, ajustez l'affichage des labels pour les rendre proportionnels à la taille des nœuds.

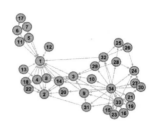

Cliquez en bas de la fenêtre graphe puis, choisissez Taille du nœud. Ensuite, ajustez la taille avec le *slider*.

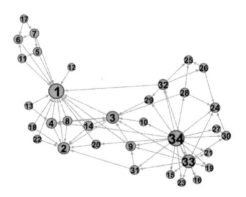

Observez le graphe obtenu. Que pensez-vous des interactions entre les deux gestionnaires du club (1 et 34) ? Comment s'organisent leurs relations ?

En cas de fission du club en deux, pouvez-vous prédire qui restera avec l'instructeur (Nœud 1) et qui restera avec le président (Nœud 34) ?

Avec l'instructeur	Avec le président

Source: An Information Flow Model for Conflict and Fission in Small Groups. *Author(s): Wayne W. Zachary. Journal of Anthropological Research, Vol. 33, No.*

Le club s'est finalement scindé en deux groupes. La représentation de la page suivante illustre, le comportement de chacun des membres suite à la fission. L'instructeur a en effet quitté le club pour créer son propre club et a été suivi de l'ensemble des membres en gris.

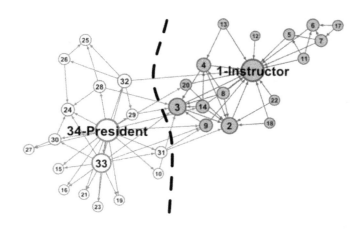

Aurait-il été possible d'utiliser l'analyse du réseau social pour éviter la fission dans le club ? Qu'auriez-vous proposé ?

13 RECHERCHE DE LOIS UNIVERSELLES DANS LES RÉSEAUX

Il existe une multitude de systèmes qui peuvent être modélisés sous forme de réseau. Pour cet exercice pratique, nous étudierons en détail plusieurs graphes représentant des systèmes complexes de natures tout à fait différentes (par exemple, réseaux aéroportuaires, réseaux sociaux numériques, infrastructures de l'Internet). L'objectif est de les analyser quantitativement à la recherche de possibles lois cachées dans leur structure.

Pour cela, nous allons appliquer toutes les mesures de base de l'analyse des réseaux sociaux sur ces graphes à grande échelle afin de tirer les premières observations et conclusions sur leur fonctionnement. Étant donné la dimension de ces graphes, il n'est plus possible d'effectuer les calculs à la main, nous avons donc recours à la programmation. L'exercice pratique proposé ici est effectué avec R, mais il peut aussi être réalisé avec Python.

Certains graphes étant de très grande taille, nous allons débuter l'exercice pratique avec le petit graphe de la nouvelle de Victor Hugo étudié en section 5. Lorsque le script d'analyse aura été validé sur ce petit graphe, nous procèderons à l'analyse de larges réseaux. Cette démarche permettra de ne pas perdre de temps inutile à attendre le résultat d'un calcul long qui mènerait éventuellement à une erreur.

Prérequis logiciels

Le travail que nous allons faire nécessite le logiciel R https://www.r-project.org/ de préférence avec R Studio https://www.rstudio.com).
Depuis R studio, vous devez installer la librairie d'analyse de graphe dénommée iGraph. Vous avez alors deux options :

1. Exécutez la ligne
   > install.packages("igraph")
2. Allez dans tools -> install package et tapez iGraph puis validez.

Un tutoriel ainsi que la documentation de iGraph sont disponibles à l'adresse suivante (ou en scannant le code QR à droite). http://igraph.org/r/

13.1 Analyse automatique d'un graphe de petite taille

1. Depuis le site https://docs.gephi.org/desktop/User_Manual/Datasets/ téléchargez le fichier correspondant au graphe des Misérables.

2. Après avoir chargé la bibliothèque igraph. Importez le graphe des misérables dans R à l'aide des commandes suivantes :

```
>library (igraph)
>g=read_graph("lesmiserables.gml",format="gml")
```

Important : Soyez vigilant au lieu de mémorisation du fichier lesmiserables.gml. Si l'emplacement du fichier n'est pas votre répertoire courant, vous ne pourrez pas le lire.

Pour changer le répertoire courant depuis l'interface R studio : Session > Set Working Directory > Choose Directory
Ou avec l'instruction :
```
>setwd("emplacement à indiquer ici")
```

Votre graphe se dénomme désormais **g**.

3. Identifiez le nombre de nœuds et de liens à l'aide de la commande suivante :

```
>summary(g)
```

Vous obtenez la réponse suivante : *U--- 77 254*

Le premier chiffre est le nombre de personnages, le second est le nombre de liens. Calculez la valeur de la densité et vérifiez que le résultat corresponde avec votre calcul effectué en section 5.

> *Calcul de la densité - Utilisez la formule d = 2L / (N*(N-1))*

La commande suivante doit corroborer le calcul précédent.

>edge_density(g)

#Noeuds *N*	#Liens *L*	Densité *d*

4. Identifiez le degré des nœuds du graphe à l'aide de la commande degree(g,mode="all"). Déduisez la valeur du degré maximum, du degré minimum, moyen et de l'écart type (utilisez les fonctions min, max, moyenne et sd (i.e. σ_k)).

>listedegre = degree(g,mode="all")
>max(listedegre)

k_{min}	k_{max}	k_{moy}	σ_k

Pour obtenir l'identité du personnage ayant le degré maximum testez les commandes suivantes :

>vertex_attr_names(g)
>vertex_attr(g, "label")
>vertex_attr(g, "label")[which.max(degree(g))]

Que pensez-vous du personnage ayant le plus de liens ? Que cela vous apprend-il sur la structure de l'ouvrage ?

5. Pour obtenir une meilleure compréhension du degré des nœuds du graphe, calculez puis affichez la distribution des degrés. Utilisez la commande suivante.

```
>plot(degree_distribution(g))
```

6. Dessinez la distribution obtenue et proposez une analyse. Pour l'analyse, regardez les proportions de personnages avec des valeurs de degrés très faibles et très fortes.

p_k

k

Ce que m'inspire la distribution obtenue.

7. Calculer la distance moyenne entre les personnages de l'histoire.

>mean_distance(g, directed = TRUE, unconnected = TRUE)

Que peut-on conclure par rapport à l'hypothèse de Milgram ?

8. Sauvegardez l'ensemble de vos instructions dans un script dénommé **analyse.r**. Vous êtes désormais prêt pour l'analyse de graphes de grande ampleur.

13.2 Analyse automatique d'un graphe de grande taille

1. Choisissez un graphe à étudier depuis la liste disponible en téléchargement sur les deux sites :
   https://snap.stanford.edu/data/
   https://docs.gephi.org/desktop/User_Manual/Datasets/
   Vous pouvez choisir des fichiers correspondant à des réseaux sociaux (X, LinkedIn, Facebook), mais vous pouvez également élargir votre étude à d'autres types de graphes. Par exemple, le réseau aéroportuaire, les collaborations entre acteurs, les pages Web, les routeurs internet, etc.

 Les fichiers pris en charge dans R sont les formats suivants : edgelist, pajek, ncol, lgl, graphml, dimacs, graphdb, gml, dl. Les fichiers .txt peuvent être analysés en tant que fichiers de type edgelist à condition de supprimer les premières lignes de commentaires en début de fichier.

```
>g = read_graph("Gowalla_edges.txt",format="edgelist")
```

Important : La lecture d'un fichier de graphe en **csv** s'effectue correctement avec igraph dans le cas où le séparateur est un espace. Si votre fichier n'est pas interprété, il est probable que vous deviez remplacer les virgules par des espaces.

Si vous rencontrez des problèmes d'importation de votre graphe, choisissez un fichier dans le dossier partagé (QR-code). Le format à renseigner est "gml" pour les fichiers en .gml et "edgelist" pour les fichiers en .txt.

2. Après avoir chargé la bibliothèque igraph. Importez le graphe dans R, exécutez les instructions de votre fichier analyse.r et remplissez le tableau de la page suivante avec les valeurs obtenues.

Graphe	#Noeuds	#Liens	Densité	Distance moyenne	Distribution degrés	μ

3. Calculez puis affichez la distribution des degrés. Dessiner la distribution obtenue et proposer une analyse. Pour l'analyse, regardez les proportions de nœuds avec des valeurs de degrés très faibles et très forts.

Si votre distribution est difficile à lire, utilisez les échelles logarithmiques avec l'instruction suivante :

```
>plot(degree_distribution(g),xlab="k",ylab="pk",log="xy")
```

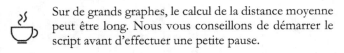

Sur de grands graphes, le calcul de la distance moyenne peut être long. Nous vous conseillons de démarrer le script avant d'effectuer une petite pause.

4. Répétez l'opération sur d'autres graphes et remplissez, au fur et à mesure, le tableau de la page précédente.

5. Proposez une conclusion à votre analyse. Quels points communs entre les graphes (p.ex. densité, distance moyenne), quelle est la forme de la distribution majoritaire, que peut-on en conclure ?

Au sujet de la densité des graphes

Au sujet de la distance moyenne

Au sujet de la distribution des degrés

Scannez pour obtenir des éléments de réponse

13.3 Réflexions sur l'assortativité des nœuds

L'assortativité d'un graphe fait référence à la tendance des nœuds à se connecter à d'autres nœuds ayant des caractéristiques similaires, comme leur degré. Nous allons explorer ensemble l'assortativité du degré des nœuds d'un graphe dans cette section.

À partir de vos observations de la section précédente, vous avez identifié la curieuse coexistence de hubs (nœuds avec un très grand nombre de voisins) et de nœuds avec un très faible degré.

Nous pouvons logiquement nous demander comment ces deux types de nœuds coexistent. Parmi les trois propositions ci-dessous, cochez l'hypothèse qui vous semble la plus pertinente pour des graphes de grande taille représentant des systèmes complexes tels que les réseaux sociaux numériques :

☐ **Assortativité** : les hubs se connectent entre eux plutôt qu'à des nœuds de faible degré.

☐ **Neutre** : il n'y a pas de préférence significative ni pour les hubs ni pour les nœuds à faible degré.

☐ **Désassortativité** : les hubs ont tendance à se connecter à des nœuds de faible degré plutôt qu'à d'autres hubs.

Nous présentons dans les points numérotés suivants le cheminement nécessaire pour tester votre hypothèse de manière fiable.

1. Afin de mesurer l'assortativité, il est utile de commencer par calculer, pour chaque nœud v_i, le degré moyen de ses voisins dénoté $k_{nn}(v_i)$. Cette valeur s'obtient de la manière suivante :

$$k_{nn}(v_i) = \frac{1}{k_i} \sum_{j=1}^{N} A_{ij} k_j$$

Dans R, vous pouvez directement utiliser la fonction k_{nn} à l'aide de l'instruction suivante pour obtenir le degré moyen des voisins de chaque nœud.

```
>knnvi = knn(g, vids=V(g), weights=NULL)
```

2. Il est désormais nécessaire de calculez la fonction de corrélation de degré, qui examine comment le degré d'un nœud est corrélé au degré moyen des nœuds auxquels il est connecté. Pour cela il faut identifier pour chaque valeur possible de k, le degré moyen des nœuds voisins aux nœuds dont le degré est exactement égal à k.

La **fonction de corrélation de degré** est dénotée $k_{nn}(k)$. Elle indique le degré moyen des voisins des nœuds (*nn* pour *nearest neighbor*, voisin le plus proche) ayant un degré exactement égal à k. Sa formulation mathématique est la suivante :

$$k_{nn}(k) = \sum_{k'} k' \, P(k'|k)$$

$P(k'|k)$ indique la probabilité qu'un lien partant d'un nœud de degré k aboutisse à un nœud de degré k'.

Il est possible d'obtenir *knnk* en faisant une moyenne pour chaque nœud ayant un degré égal à k, de sa valeur *knnvi*. Voici un script permettant d'effectuer cette tâche.

```
# Calcul du degré des nœuds
>deg <- degree(g, mode="all")
```

```
# Calcul du degré moyen des voisins pour chaque nœud
>knnvi <- knn(g, vids=V(g), weights=NULL)
```

```
# Créer un data.frame avec les degrés et les knnvi
>df <- data.frame(degree = deg, knnvi = knnvi$knn)
```

```
# Obtenir tous les degrés uniques
>unique_degrees <- sort(unique(df$degree))
```

```
# Calculer la moyenne de knnvi pour chaque degré k
>mean_knnvi <- sapply(unique_degrees, function(k) {
  mean(df$knnvi[df$degree == k], na.rm = TRUE)
})
```

Créer un nouveau data.frame pour les degrés et leurs knnk
```
>knnk <- data.frame(degree = unique_degrees, knnk = mean_knnvi)
```

Afficher le data.frame
```
>print(knnk)
```

3. Tracez le graphe correspondant en échelle logarithmique pour visualiser la relation entre le degré d'un nœud k et le degré moyen de ses voisins $k_{nn}(k)$. Cela vous aidera à identifier les tendances assortatives ou désassortatives du réseau étudié.

Tracer le graphe en échelle log-log pour visualiser la relation entre k et k_nn(k)
```
>plot(knnk$degree, knnk$knnk, log="xy",
    xlab="Degré (k)",
    ylab="Degré moyen des voisins (k_nn(k))",
    main="Relation entre le degré et le degré moyen des voisins",
    pch=16, col="blue")
```

Mon graphe est finalement :

☐ **Assortatif**   ☐ **Neutre**   ☐ **Désassortatif**

4. La relation entre k et $k_{nn}(k)$ semble être linéaire en échelle logarithmique, cela signifie que la relation qui existe entre les deux variables peut être modélisée de manière approximative par l'équation :

$$k_{nn}(k) = ay^{\mu}$$

Vous pouvez utiliser une régression linéaire sur le logarithme des données pour déterminer μ.

```
>fit = lm(log(knnk$knnk) ~ log(knnk$degree))
>summary(fit)
```

Positionnez μ sur la droite pour indiquer si le graphe est assortatif ou disassortatif.

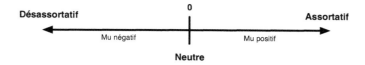

5. Calculez pour de multiples graphes réels de grande taille la valeur de μ et proposez une conclusion.

Un monde en réseau

14 LA DÉMARCHE D'ANALYSTE

14.1 Les étapes

Lorsque vous faites face à un graphe ou que vous venez de construire un tel objet, il est important d'avoir les bons réflexes d'analyse. Dans cette section, nous vous présentons la démarche récapitulant l'ensemble des indicateurs que vous avez découvert dans le livret.

1. Le **nombre de nœuds** (N) et le **nombre de liens** (L) sont les deux premiers indicateurs à observer. Ces derniers permettent d'obtenir une mesure de la dimension du graphe et de son ordre. En complément, la **densité** du graphe mesure la rareté du lien.

2. Ensuite, le **degré de chaque nœud** (k_i) peut être investigué (construire un top 10 par exemple peut être utile) tout comme le **degré moyen** ($< k >$) et la **distribution** (p_k) des degrés. Vous obtenez ainsi la possibilité de détecter les hubs, mais vous obtenez également un moyen d'identifier si la ressource (le lien) est uniformément partagée ou non. Vous pouvez à cette occasion, comptabiliser le nombre (et pourcentage) de nœuds dont le degré est inférieur au degré moyen et calculer l'écart type.

3. Sur de grands graphes, une investigation des **distances** vous indiquera la proximité moyenne entre chaque élément du réseau (d). Le **diamètre** (D) caractérisera la valeur du plus long des plus courts chemins. Vous pourrez alors vérifier si votre réseau est un petit monde. La distribution des distances pourra également éclairer votre propos.

4. Le **coefficient de clustering local** (CCL) vous aidera à connaitre la densité locale propre à chaque nœud. En effectuant la moyenne sur l'ensemble des nœuds vous obtiendrez une mesure du **coefficient de clustering** du graphe (C). Cette densité locale peut être mise en perspective avec le degré du nœud pour identifier si les nœuds au degré

élevé ont un environnement plus ou moins dense que les autres nœuds. Vous pourrez alors par exemple afficher (C(k) en fonction de k).

5. Enfin, en fonction de vos besoins, vous pouvez étudier les **indicateurs de centralité** (degré, intermédiarité, proximité, valeurs propres) afin d'identifier les nœuds les plus importants du réseau.

14.2   Le club de bridge

Dans la suite, nous vous proposons d'analyser un petit graphe extrait d'un groupe d'amateurs de bridge. Ces derniers se réunissent toutes les semaines afin de pratiquer leur passion. Le graphe social a été créé sur la base des affinités observées lors des banquets organisés par l'association. Un lien a été tissé lorsque le joueur s'est entretenu longuement et à plusieurs reprises avec un autre membre du club.

Une version interactive est disponible en ligne à l'adresse suivante ou en scannant le code.
URL:https://graphcommons.com/graphs/a40711a5-4396-472a-91d9-85ba25f1ff22

1. Indiquez le nombre de membres, d'interactions et calculez la densité du graphe

$N =$

$L =$

$d =$

2. Calculez la probabilité $p_{k=i} = \frac{N_{k=i}}{N}$, pour un nœud d'avoir exactement un nombre de liens égal à i (pour $i = 1$ jusqu'au maximum) Vérifiez ensuite que $\sum_{i=1}^{max} pk_i = 1$.

3. Dessinez la distribution des degrés du graphe.

4. Exprimez le degré moyen d'un graphe en fonction de k et p_k. Calculez le degré moyen du graphe en utilisant les valeurs calculées en (2).

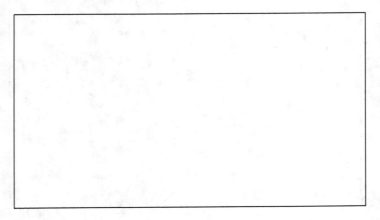

5. Calculez le coefficient de clustering local de chaque nœud et remplissez le tableau ci-dessous. Utilisez la symétrie des nœuds pour éviter les calculs redondants. Pour rappel, la formule de calcul du coefficient de clustering local d'un nœud v de degré k_v est la suivante :

$$CCL_v = \frac{2e_v}{k_v(k_v - 1)}$$

Membre du club	Degré	Coefficient de Clustering local
Sergei		
Anna		
Lary		
Michelle		
Marc		
Jen		
John		
Jack		
Tom		
Guy		
Thomas		
Franck		
Martin		
Bernard		
Kevin		
Trevis		
Elon		

Mes calculs

6. Représentez ci-dessous chaque membre en fonction de son degré entrant et de son coefficient de clustering local.

7. Ajoutez au graphe précédent des lignes pointillées pour marquer les valeurs moyennes et dessiner ainsi un cadran.

Calcul de la moyenne du degré entrant.

Calcul de la moyenne du coefficient de clustering local.

8. Analysez la position de chacun des nœuds par rapport aux deux formes de capital social.

9. À l'aide de toutes les questions précédentes, proposez un résumé de ce que vous apprend le graphe social au sujet du club de bridge.

Scannez le code pour obtenir la solution complète
de l'exercice

Un monde en réseau

15 ANALYSE DE VOTRE RÉSEAU LINKEDIN

LinkedIn est l'un des réseaux sociaux professionnels les plus utilisés au monde et représente une occasion unique d'étudier votre propre réseau sous forme de graphe. Dans cette section, vous allez collecter vos données LinkedIn, construire un graphe de vos connexions et analyser sa structure grâce aux mesures vues dans ce livret. Vous observerez ainsi la forme générale de votre réseau, les communautés qui le composent, votre position centrale ou périphérique, et les opportunités qu'il peut révéler.

L'analyse se déroule en plusieurs étapes : après avoir récupéré vos données, vous créerez un fichier exploitable puis vous le transformerez en graphe. Vous visualiserez le graphe et interpréterez les indicateurs clés (densité, clustering).

Cette démarche vous permettra d'expérimenter concrètement la méthode d'analyse de réseaux sur un cas réel et personnel, tout en découvrant des aspects insoupçonnés de votre propre réseau professionnel.

▶ Une vidéo de démonstration couvrant l'ensemble du processus est accessible en scannant le QR-code associé.

15.1 Obtention des données LinkedIn

 La première étape consiste à la collecte de vos données du réseau. Pour cela, vous pouvez effectuer directement la demande à LinkedIn. Les données vous seront livrées par mail dans un dossier qui sera la matière première de notre analyse. Pour transmettre votre demande de collectes de données à LinkedIn, rendez-vous sur la page suivante ou scannez le QR-code ci-contre.

https://www.linkedin.com/mypreferences/d/download-my-data

Indiquez les données que vous souhaitez récupérer. Pour notre étude, nous aurons uniquement besoin des données 'Inscriptions'.

← Retour

Télécharger mes données
Vos données LinkedIn vous appartiennent et vous pouvez en télécharger les archives à tout moment ou voir le rich media que vous avez chargé.

○ Téléchargez des archives de données plus importantes, comprenant les relations, les vérifications, les contacts, l'historique du compte et les informations que nous déduisons à votre sujet en fonction de votre profil et de votre activité. **En savoir plus**

○ Vous recherchez quelque chose en particulier ? Sélectionnez les fichiers de données qui vous intéressent le plus.

☐ Articles   ☐ Invitations   ☐ Profil

☐ Recommandations   ☐ Inscription

Demander les archives

Votre téléchargement sera prêt dans environ 24 heures

Sinon, vous pouvez exporter vos données en utilisant les API de portabilité des données de membres. **En savoir plus**

Vous ne trouvez pas ce que vous cherchez ? Consultez notre **Assistance clientèle**.

L'obtention de vos données peut prendre quelques minutes, selon la taille de votre réseau et le nombre de contacts que vous avez. C'est l'occasion de faire une pause et d'imaginer à quoi ressemble votre réseau professionnel. Vous voyez-vous au centre d'une unique communauté soudée, ou bien à la croisée de plusieurs groupes ?

Téléchargez le fichier reçu par courriel, puis extrayez le fichier `connections.csv`. Ce fichier contient des éléments suivant pour chacun de vos contacts : ***First Name*** *(Prénom),* ***Last Name*** *(Nom),* ***URL*** *(Lien vers le profil LinkedIn),* ***Email Address***

(Adresse e-mail), **Company** *(Entreprise)*, **Position** *(Poste ou fonction)*, **Connected On** *(Date de connexion ou de mise en relation)*.

Nous allons désormais utiliser ces éléments pour construire une image de votre réseau.

15.2   Création de votre graphe professionnel

À partir du fichier **connections.csv**, nous allons utiliser un script Python pour reconstruire le graphe de votre réseau professionnel. Chaque nœud représentera une personne et des liens seront tracés entre vous et chacun des membres de votre réseau, vous plaçant ainsi au centre du graphe. Cette représentation illustre votre rôle central au sein de cet ensemble de relations.

Nous enrichirons ensuite le graphe en ajoutant des liens supplémentaires entre les membres de votre réseau lorsqu'ils appartiennent à la même entreprise. Cette hypothèse — que les personnes d'une même entreprise se connaissent — permet de faire apparaître des groupes cohérents et d'identifier les communautés professionnelles auxquelles vous êtes rattaché. Bien qu'elle simplifie la réalité, elle constitue un compromis raisonnable pour visualiser la structure globale de votre réseau et en révéler les grandes tendances.

 Cette démarche fournit une approximation de votre réseau, en postulant que les membres d'une même entreprise se connaissent. Bien que cela ne soit pas toujours vrai, cette simplification est nécessaire, car les données précises sur les interactions directes entre vos contacts ne sont pas disponibles. Elle constitue donc un compromis raisonnable pour analyser la structure globale de votre réseau.

Prérequis logiciels

Le travail que nous allons réaliser nécessite Python et un environnement interactif tel que Jupyter Notebook ou JupyterLab. Ces outils permettent d'écrire, d'exécuter et de documenter votre code de manière progressive et interactive, directement depuis votre navigateur.

Si vous ne l'avez pas déjà installé, la méthode la plus simple consiste à télécharger et installer Anaconda (https://www.anaconda.com/download), qui inclut Python, Jupyter Notebook, JupyterLab et de nombreuses bibliothèques utiles. Vous pouvez également installer Jupyter via la commande pip install notebook pour Jupyter Notebook ou pip install jupyterlab pour JupyterLab.

Une fois installé, lancez l'environnement en tapant dans votre terminal jupyter notebook ou jupyter lab. Une page s'ouvrira dans votre navigateur et vous pourrez créer un nouveau notebook Python et y exécuter votre code.

Le script que nous allons utiliser nécessite également les bibliothèques pandas, pour manipuler les données CSV, et networkx, pour créer et analyser le graphe. Si elles ne sont pas déjà installées, vous pouvez les ajouter avec la commande pip install pandas networkx, à exécuter dans le terminal ou directement dans une cellule de notebook.

Vous trouverez ci-après un exemple de script Python que vous pouvez utiliser comme point de départ pour créer votre graphe à partir du fichier CSV. Nous utiliserons la librairie **networkx**, un module Python dédié à la création, la manipulation, l'analyse et la visualisation de graphes et réseaux complexes. Elle offre de nombreuses fonctionnalités pour calculer les métriques, identifier des communautés, ou encore exporter votre graphe dans des formats standards compatibles avec d'autres outils. Vous pouvez consulter la documentation ci-contre.

```python
import pandas as pd
import networkx as nx

# Charger les données
df = pd.read_csv("Connections.csv")

# Nettoyage
```

```
df = df[['First Name', 'Last Name',
'Company']].dropna(subset=['Company'])

df['Name'] = df['First Name'].str.strip() + " " + df['Last
Name'].str.strip()

# Initialiser le graphe
G = nx.Graph()

# Ajouter les contacts
for _, row in df.iterrows():
    G.add_node(row['Name'], company=row['Company'])

# Ajouter les connexions entre contacts d'une même entreprise
for company, group in df.groupby('Company'):
    people = group['Name'].tolist()
    for i in range(len(people)):
        for j in range(i + 1, len(people)):
            G.add_edge(people[i], people[j], company=company)

my_name = "Moi"  # ou votre prénom/nom
G.add_node(my_name, company="")  # votre entreprise

for person in df['Name']:
    G.add_edge(my_name, person)

#Sauvegarde du fichier
nx.write_graphml(G, "linkedin_connections.graphml")
```

Pour améliorer la qualité de votre graphe, il est conseillé d'ignorer certaines « entreprises » génériques comme *freelance*, *auto-entrepreneur* ou *indépendant*, qui ne reflètent pas de véritables communautés organisationnelles. Ces intitulés peuvent en effet créer des liens artificiels entre des personnes qui ne se connaissent pas réellement.

Voici un exemple d'exclusions dans la création des liens. À vous d'enrichir cette liste selon vos observations et la langue de votre réseau.

```
exclusions = {"indépendant", "freelance", "self-employed"}
```

Il peut également être pertinent de valider le nom d'une entreprise pour écarter les lignes contenant des données mal renseignées ou incomplètes. En effet, certains utilisateurs laissent ce champ vide, y saisissent des chiffres, des tirets, ou des mots génériques qui ne désignent pas une véritable entreprise.

Pour cela, vous pouvez utiliser la fonction suivante, qui vérifie qu'une chaîne ressemble bien à un nom d'entreprise valable avant de l'utiliser pour créer des liens entre contacts.

```python
def looks_like_company(s):
    if not s:
        return False
    # normaliser pour comparaison
    s_lower = s.lower()
    if s_lower in exclusions:
        return False
    # si ne contient pas de lettre (par ex. seulement chiffres ou tirets)
    if not re.search(r'[a-zA-Z]', s):
        return False
    return True
```

15.3 Visualisation

Nous proposons d'utiliser Gephi pour importez votre fichier *linkedin_connections.graphml* et explorer votre réseau même si Python peut également être utilisé. En plus de la démarche effectuée lors de la section 12 sur la visualisation, nous vous proposons quelques conseils supplémentaires.

Vous pouvez filtrer les nœuds en fonction de leur degré afin de ne conserver que les grappes d'entreprises comptant au moins N

personnes dans votre réseau. Pour cela, rendez-vous dans l'onglet **Statistiques** et exécutez le calcul du **degré**. Une fois ce calcul effectué, passez dans l'onglet **Filtres**, puis déployez le dossier **Plage** et sélectionnez **Degré (Integer)** sous la catégorie **Nœud**. En double-cliquant sur cet élément, vous le ferez apparaître dans la section **Requête**. Vous pourrez alors ajuster la valeur minimale du degré souhaité (voir emplacement pointé par la flèche sur la figure), puis cliquer sur **Filtrer** pour appliquer le filtre à votre graphe.

Nous vous recommandons d'utiliser la spatialisation Yifan Hu Proportionnel pour obtenir rapidement une visualisation claire des grappes d'entreprises présentes dans votre réseau LinkedIn. En effet, lorsque le nombre de nœuds et leur connectivité est élevé, l'algorithme ForceAtlas2, utilisé précédemment, peut rencontrer des difficultés à stabiliser le positionnement du graphe.

L'algorithme Yifan Hu est plus léger et converge plus rapidement, ce qui le rend particulièrement adapté à ce type de réseau. N'hésitez pas à l'exécuter plusieurs fois de suite afin d'améliorer progressivement la disposition des nœuds. Cela permettra de faire ressortir les groupes de manière plus nette, comme illustré sur l'image ci-dessous.

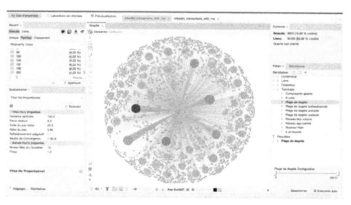

Affichez les labels des nœuds pour explorer votre réseau plus en détail, puis baladez-vous à l'intérieur des différentes grappes afin d'identifier les entreprises au sein desquelles vous évoluez.

Ces regroupements visuels mettent en lumière des environnements professionnels que vous connaissez peut-être déjà… ou que vous pourriez prochainement rejoindre. Parmi eux se trouvent peut-être votre futur employeur, prestataire ou client.

15.4 Analyse du graphe social

Voici quelques indicateurs que nous avons découvert dans ce livret et que vous pouvez investiguer sur votre graphe : La densité, Elle mesure la proportion de liens existants par rapport à tous les liens possibles. Le coefficient de clustering local (CCL) Il indique à quel point vos contacts sont connectés entre eux. Un CCL élevé traduit une communauté soudée, un CCL faible signale un rôle de pont entre des communautés. En calculant la modularité, vous pourrez également identifier les communautés distinctes de votre graphe. Voici le script Python pour obtenir les données du graphe.

```
# Calculer les indicateurs
nb_nodes = G.number_of_nodes()
nb_edges = G.number_of_edges()
density = nx.density(G)
clustering_coeff = nx.average_clustering(G)

print(f"Nombre de nœuds : {nb_nodes}")
print(f"Nombre de liens : {nb_edges}")
print(f"Densité du graphe : {density:.3f}")
print(f"Coefficient de clustering moyen : {clustering_coeff:.3f}")
```

Remplissez le tableau suivant :

#Noeuds : _____

#Liens : _____

Densité : _____

Nombre de clusters : _____

Coefficient de clustering : _____

Quelle interprétation donnez-vous à ces chiffres ?

Comparez quantitativement vos indicateurs avec ceux de vos collègues. Pour cela, placez votre coefficient de clustering local et celui de vos collègues dans ce repère :

0   0.5   1

Qui a le coefficient de clustering le plus faible, le plus élevé ? Est-ce que cela correspond avec un niveau hiérarchique ou une fonction spécifique ?

Le fichier notebook Jupyter correspondant à l'analyse est disponible en téléchargement. Vous y trouverez le script complet, prêt à l'emploi, que vous pourrez modifier et adapter selon vos propres données LinkedIn.

Rendez-vous sur https://www.charlesperez.fr/linkedin pour accéder au Notebook de cette section.

Pour aller plus loin

Ajustez votre script Python pour identifier les secteurs d'activité des entreprises présentes dans votre réseau, puis calculez leur proportion relative. Cette analyse vous permettra de visualiser la composition actuelle de votre environnement professionnel, et d'identifier les secteurs surreprésentés ou sous-représentés.

Servez-vous de ces résultats pour réfléchir aux axes de diversification ou de renforcement possibles dans votre réseau, en lien avec vos objectifs de carrière. En croisant cette analyse avec votre position dans le graphe (centralité, communautés), vous pourrez élaborer une stratégie de développement de votre capital social plus ciblée, plus cohérente et plus efficace.

16 ANALYSE DE DONNÉES BLOCKCHAIN

Une nouvelle ère dans l'histoire du web est marquée par l'émergence du Web 3.0. Ce dernier, prônant une approche plus décentralisée, permet aux utilisateurs d'échanger informations et actifs de valeur sans intermédiaire, instaurant ainsi un système de confiance distribuée. La blockchain, technologie clé de ce mouvement, assure la sécurité et la transparence des transactions dans ce paradigme décentralisé. Dans ce contexte, des marques exploitent la blockchain pour commercialiser des biens numériques sécurisés sous forme de NFT (Jetons Non Fongibles), incluant des articles de luxe, des tenues virtuelles, des œuvres d'art, et même des parcelles dans des mondes virtuels.

Nous vous invitons à exploiter les données disponibles pour les analyser à travers le prisme de l'analyse des réseaux sociaux. Après tout, ces transactions sont parfaitement adaptées à une modélisation en réseau, permettant de révéler des structures et des schémas dans les échanges numériques.

Pour une compréhension approfondie de ce processus, veuillez consulter la vidéo détaillée accessible via le QR code ci-contre, ou suivre les explications ci-dessous.

16.1 Choix du sujet et de la collection

Naviguez sur le site OpenSea pour explorer des projets, thèmes, objets, secteurs ou collections NFTs que vous souhaiteriez analyser. Par exemple, vous pouvez vous intéresser à des projets mis en place par de grandes marques (consultez des articles pour inspiration: Les marques de beauté prennent le virage du web3, Top 11 des projets web 3 lancés par des grandes entreprises).

Sélectionnez un ou plusieurs projets qui semblent intéressants pour l'analyse des réseaux et identifiez l'adresse du ou des *Smart Contracts* associés. Pour cela, visualisez un des NFTs de la collection que vous souhaitez analyser et allez dans la section détails. Vous y trouverez **l'adresse du smart contrat** (surlignée en jaune sur la page suivante).

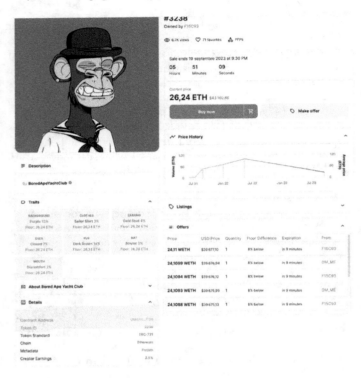

Notez les raisons de votre choix : pourquoi ce projet ou cette collection est-il pertinent pour votre analyse ?

16.2 Collecte des données avec Dune

Utilisez Dune.com pour extraire des données spécifiques et pertinentes pour votre sujet d'analyse. Veillez à collecter les informations clés suivantes :

- **Adresses des émetteurs de transactions** : Recherchez et enregistrez ces données dans la colonne intitulée "Source".
- **Adresses des destinataires** : Identifiez ces informations dans la colonne "Target".
- **Montant/volume des transactions** : Cette donnée est facultative mais peut être précieuse et se trouve souvent dans une colonne dédiée.
- **Date des transactions** : Notez les informations temporelles dans la colonne "Time".

Pour accomplir cette tâche, vous aurez besoin de formuler une ou plusieurs requêtes SQL ciblant les tables de données pertinentes accessibles via Dune. Si vous ne maîtrisez pas les bases du SQL, nous vous recommandons de consulter notre ouvrage intitulé "Le monde du SQL", issu de la même collection de livrets. Ce guide servira d'introduction et de ressource précieuse pour vous familiariser avec les fondamentaux du langage SQL.

Pour commencer à explorer les échantillons de données disponibles, sélectionnez 'create new query' puis cliquez sur 'Raw' pour visualiser l'ensemble des données. Les tables telles que erc721_ethereum.evt_Transfer et nft.trades peuvent s'avérer particulièrement utiles pour votre analyse.

Ci-dessous, vous trouverez des exemples de requêtes que vous pourriez utiliser comme point de départ :

```
SELECT "from" as "Source", "to" as "Target", "tokenId" as "NFT Id",
evt_block_time as "Time"
FROM erc721_ethereum.evt_Transfer
WHERE
  contract_address = 0x34d85c9cdeb23fa97cb08333b511ac86e1c4e258
ORDER BY evt_block_time DESC
LIMIT 200
```

La limite est utilisée pour éviter de dépasser le seuil de données imposé par Dune pour un compte gratuit. Nous récoltons donc les dernières transactions effectuées (evt_block_time DESC).

Voici d'autres exemples :

```
SELECT "from" as "Source", "to" as "Target", "tokenId as "NFT",
evt_block_time as "Time"
FROM erc721_ethereum.evt_Transfer
WHERE
  contract_address = 0xadresse du contrat ici
```

```
SELECT *
FROM nft.trades
WHERE nft_contract_address = 0xadresse du contrat ici
```

```
SELECT
    block_time AS timing,
    block_number AS Time,
    token_id AS item,
    amount_original AS weight,
    buyer as Target,
    seller as Source,
            collection,
    token_standard,
    trade_type,
    trade_category,
    nft_contract_address,
    project_contract_address
FROM nft.trades
WHERE currency_symbol = 'MANA'
```

Cette dernière permet de collecter les transactions effectuées sur Decentraland dont la cryptomonnaie est le MANA. N'hésitez pas à consulter les requêtes des membres de la communauté Dune pour vous inspirer de leurs créations.

Vérifiez que votre requête fonctionne convenablement et qu'elle renvoie un nombre suffisant de lignes - **au minimum une centaine** - pour votre analyse.

Le nombre de lignes est indiqué en jaune ci-après dans le cadre de l'analyse de la collection de NIKE dont l'adresse de *smart contract* est la suivante :
0xf661d58cfe893993b11d53d11148c4650590c692.

Pour exporter vos données, vous devez maintenant créer un script en python qui exécutera votre requête (via son identifiant) et sauvegardera les résultats. Nous vous recommandons d'utiliser le notebook Jupyter que nous avons préparé pour vous : **DuneAPIdata.ipynb**. Il est disponible à l'adresse : https://www.charlesperez.fr/nft

Ouvrez le notebook avec Jupyter ou démarrez avec un notebook vide. Installez le client Dune avec la commande :

pip install dune-client

Renseignez votre clé d'api avec la ligne suivante :

%env DUNE_API_KEY= **VotreCléIci**

Le lien pour obtenir la clé API est le suivant : https://dune.com/docs/api/#api-reference

Puis exécutez la collecte avec le script suivant :

```
from dune_client.types import QueryParameter
from dune_client.client import DuneClient
from dune_client.query import QueryBase
query = QueryBase(
```

```
name="Nom de votre requête",
    query_id= « Identifiant de votre requête disponible dans l'url de cette
dernière »,
)
print("Results available at", query.url())
dune = DuneClient.from_env()
results_csv = dune.run_query_csv(query)
```

Enfin, sauvegardez le fichier avec le script suivant :

```
import csv
with open('monfichierdedonnees.csv', 'w', newline='') as f:
    writer = csv.writer(f)
    # Lire toutes les lignes et les décoder
    lines = [line.decode('utf-8') for line in results_csv.data.readlines()]
    # Écrire chaque ligne dans le fichier CSV
    for line in lines:
        writer.writerow(line.split(','))
```

16.3   Analyse avec Gephi et R

Importez votre fichier CSV dans Gephi. Utilisez les outils de mise
en forme pour visualiser votre réseau. Essayez différents layouts
pour voir lequel représente le mieux votre réseau. Identifiez les
nœuds les plus importants en utilisant des mesures telles que la
centralité de degré, la centralité d'intermédiation, etc. Enregistrez
et exportez votre graphe pour une analyse statistique avec R.

Dans R maintenant, utilisez le package **igraph** pour importer et
manipuler vos données de réseau. Créez un objet de type "graph"
avec vos données.

Exécutez des analyses comme :

- Identification des nœuds les plus connectés
- Identification des communautés (clusters)
- Analyse des propriétés globales du réseau
  (diamètre, densité, etc.)

Visualisez votre réseau à l'aide des fonctions disponibles dans **igraph**.

16.4 Votre apport

Mettez en œuvre toute analyse supplémentaire que vous jugerez pertinente. Détection de manipulation de marché, détection de baleines, wash trading, etc. Vous êtes libre d'utiliser les outils vus en cours ainsi que ChatGPT pour explorer les données.

Discutez des implications potentielles de votre analyse. Qu'avez-vous appris sur le projet ou la collection que vous avez choisie ? Comment ces informations peuvent-elles être utiles pour la prise de décision d'un individu ou d'une entreprise ?

17 MON PROJET PERSONNEL

L'objectif de votre projet est de mettre en évidence l'usage des modèles et techniques de l'analyse des réseaux sociaux numérique pour la résolution d'un problème. Il s'agit de mettre en pratique vos connaissances sur un sujet nouveau que vous choisirez.

Vous devrez identifier et collecter vous-même la source de données concernée par votre application. Vous pouvez utiliser les bases de données de graphes déjà mentionnées ou rechercher un échantillon sur Google data search à partir de mots-clés (https://datasetsearch.research.google.com/). Vous effectuerez ensuite les traitements nécessaires et choisirez la modélisation adéquate pour votre problème. Vous justifierez le choix des entités représentant les nœuds et les critères pour la création de liens. Le graphe analysé devra être composé d'un minimum de cent nœuds.

Vous devrez traduire le problème modélisé sous forme de graphe avec le vocabulaire des réseaux sociaux numériques. Vous appliquerez ensuite les métriques et algorithmes adaptés pour répondre à votre problématique. Vous pourrez utiliser la méthode et les mesures vues dans ce livret (section 14.1) ou bien proposer vous-même de nouvelles mesures et de nouveaux algorithmes.

Nous vous proposons ci-dessous quelques exemples de projets menés à bien par nos lecteurs et apprenants.

Projet : Analyse du réseau social X d'un individu.
Objectif : Analyse du capital social
Outils : API X, Python, Gephi

Projet : Analyse de l'univers Marvel
Objectif : Est-ce que les personnages importants du comics sont les plus influentes ?
Outil : Gephi

Projet : Analyse du commerce international
Objectif : Identifier les pays importateurs et exportateurs
Outils : Gephi, http://atlas.media.mit.edu/

Projet : Analyse du réseau neuronal du C. Elegans
Objectif : Étudier la structure d'un réseau de neurone biologique
Outils : R, Gephi

Projet : Analyse du réseau formé par la communauté StackOverflow
Objectif : Identification des technologies phares.
Outils : Python, Stack Overflow Tag Network | Kaggle

Projet : Analyse du réseau commun de trois abonnés LinkedIn
Objectif : Identifier les acteurs communs à plusieurs comptes
Outils : Python (linkedin-scraper), GraphCommons.

Quelques logiciels recommandés :

- Gephi pour la visualisation des graphes
- Python pour créer et manipuler les graphes
- Python avec Tweepy et Instapy
- Les librairies iGraph et netscience, networkX et snscrape sur Python
- R Studio avec la librairie iGraph
- Pajek

Description de mon projet :

Source de données et/ou technique de collecte :

Type de nœuds :

Type de liens :

Analyses et logiciels :

 Partagez le graphe de vos projets avec le hashtag #lbdreseau sur X pour obtenir un NFT d'accomplissement du livret.

18 POUR CONCLURE - UNE PERSPECTIVE QUANTIQUE

Nous proposons de terminer notre voyage par une perspective surprenante, mais non moins déterminante dans notre compréhension du monde : celle de l'infiniment petit. Quel rapport entre l'analyse des relations et l'univers quantique ?

La physique quantique est un domaine relativement récent né à la fin du XXe siècle et propulsé sous l'impulsion d'Heisenberg en 1923. Cette physique s'attache à comprendre et à décrire les phénomènes liés aux comportements des particules. Le cœur de la matière, le constituant de tout ce qui nous entoure. La théorie des quantas et les expériences effectuées en ce domaine sont pour le moins déconcertantes lorsque l'on tente de les interpréter en dehors du cadre purement mathématique. Certains physiciens tels que Jean-Michel Raimond vont jusqu'à dire qu'il faudrait dompter notre intuition. D'une certaine manière, apprendre à désapprendre notre bon sens commun pour espérer comprendre la physique quantique. Richard Feynman affirmera en ce sens « Je crois pouvoir dire que personne ne comprend la mécanique quantique, on comprend très bien comment ça fonctionne, mais on ne comprend pas pourquoi ».

En particulier, la superposition quantique est l'une des caractéristiques déconcertantes de la matière à ses plus basses échelles. Cette propriété stipule qu'une particule peut être dans plusieurs états possibles, et ce de manière simultanée. On utilise souvent l'image du chat de Schrödinger dans sa boite accompagnée d'un flacon de gaz mortel relié à une source radioactive — il est mort et vivant à la fois (voir QR code pour comprendre l'expérience de pensée du **chat de Schrödinger**). Toutefois, si nous l'observons (nous ouvrons la boite), alors, la particule se fige dans un état précis (le chat est vivant ou mort). C'est un peu comme si la nature pouvait savoir que nous sommes en train de la regarder !

Les scientifiques tentent d'interpréter cette situation depuis plusieurs décennies : pourquoi distinguer ce qui se passe lors d'une mesure de ce qui se passe en dehors d'une mesure ? L'une des explications possibles est proposée par **l'interprétation relationnelle**. Cette dernière fait écho aux techniques de ce livret, car elle considère les propriétés d'un objet non plus comme propres à chaque objet, mais relatives à un autre objet (par exemple à l'observateur).

Les propriétés d'un objet qui seraient réelles par rapport à un autre ne le seraient alors pas forcément par rapport à un troisième. Autrement dit, sans interaction, il n'y aurait pas de propriétés aux objets[1].

Il ne s'agit là que d'une tentative d'explication proposée par les chercheurs, mais elle donne un sens encore plus fort aux relations entre les choses. Elles seraient d'une certaine manière au cœur même de notre perception et de la manifestation de la réalité.

Mes réflexions à ce sujet

---

[1] Pour plus de détails, nous vous conseillons la lecture de l'ouvrage Helgoland de Carlo Rovelli.

19 MOTS CROISÉS ET QUIZ DE RÉVISION

Horizontal

3. / Il a créé la pièce de théâtre les six degrés de séparation.
5. / On lui doit l'expérience des six degrés de séparation.
7. / Terme utilisé pour indiquer une mesure de l'importance des acteurs d'un graphe.
8. / La longueur du plus court chemin.
11. / Le principe selon lequel qui se ressemble s'assemble.

12. / Centralité qui met en évidence les nœuds qui sont entre les autres.

14. / Type de fichier de graphe.

17. / Logiciel de visualisation de graphes.

18. / Se dit d'un graphe dont les liens ont une direction.

Vertical

1. / Il a étudié le graphe des membres d'un club de Karaté.

2. / Il défendra l'idée d'un univers dans lequel toutes les choses du monde sont connectées.

4. / Il a résolu le problème des 7 ponts de Königsberg.

6. / Perspective selon laquelle sans interactions, il n'y aurait pas de propriétés aux objets.

9. / Mesure de la probabilité d'observer un lien entre deux nœuds.

10. / On lui doit le nombre 150, nombre moyen de connaissances d'une personne.

13. / Le plus long des plus courts chemins.

15. / Loi qui stipule qu'environ 80 % des effets sont le produit de 20 % des causes.

16. / L'un des tout premiers anthropologues à se référer au concept de réseau social.

Pour retrouver la correction,
Scannez ce QR-code.

Bonus : Vous souhaitez vous entrainer un peu plus, testez vos connaissances entre amis avec un quiz interactif Kahoot ! Scannez le code pour démarrer le quiz.

Bravo !

Vous êtes arrivé au bout de ce livret, et c'est déjà en soi une réussite.

Merci d'avoir pris le temps d'explorer, d'expérimenter et de vous immerger dans le monde fascinant des réseaux. Nous espérons que ces pages vous ont donné envie d'aller plus loin, de continuer à analyser, à cartographier et à interpréter les liens qui nous relient tous.

Apprendre par la pratique n'est jamais un chemin direct : c'est fait de découvertes, de détours et de déclics. Vous en avez déjà fait un bon bout, et nous sommes ravis d'avoir été vos compagnons sur ce chemin.

N'hésitez pas à partager vos réalisations, vos questions ou vos idées d'amélioration.

Et surtout… continuez à tisser des liens !

Si vous avez apprécié le livret, laissez-nous un commentaire.

Ouvrage à découvrir : *Le manuel du métavers*

Le guide ultime pour comprendre la révolution numérique en cours, "Le Manuel du Métavers" est un incontournable pour tous ceux qui cherchent à saisir l'ampleur de ces changements. Les auteurs vous proposent un parcours inspirant qui allie les fondamentaux théoriques, les solutions technologiques et les réflexions éthiques et sociétales. Que vous soyez débutant, passionné ou même sceptique, vous y trouverez des éléments concrets pour vous forger votre propre opinion sur le métavers. Cet ouvrage démêle les concepts clés de l'évolution future d'Internet tels que les chaînes de blocs, les cryptomonnaies, les NFTs, les DAOs et même les ICOs.

Venez découvrir avec les auteurs une grande variété d'univers virtuels et apprenez comment tirer profit des nouvelles tendances en tant que créateur, professionnel, investisseur ou simple utilisateur. Avec des exemples concrets et une écriture engageante, ce guide est un véritable outil pour naviguer dans le monde en constante évolution du métavers.

Ouvrage à découvrir : *Nature numérique de l'homme*

Des hommes contrôlent des insectes avec des impulsions électriques pour les faire courir dans la direction de leur souhait. D'autres réécrivent les codes génétiques de la vie pour la simplifier, l'arranger ou la synthétiser. Certains travaillent pour créer une intelligence artificielle générale capable au moins de nous égaler. D'autres créent de nouveaux arts et de nouvelles œuvres s'appuyant sur les algorithmes, la nature, la musique. La vie nous souffle des partitions et des bactéries génétiquement modifiées récitent nos poèmes. Le grand livre de la nature ne nous a jamais révélé autant de secrets. Les technologies et les sciences nous ont offert une nouvelle manière de le lire, de s'en inspirer et même de l'écrire. Il était inimaginable que nos sciences et l'art s'inspirent, s'alimentent et représentent les reflets de la nature, de la réalité et de notre univers aussi bien. Il est encore plus surprenant d'observer l'homme jouer de son nouveau pouvoir de connaissance au point de rejouer certains scénarios, de renverser certains effets, et de se surpasser. Nous avons, peu à peu, et derrière une machine, fait évoluer tant de nous. L'art, la vie, le savoir, la mort sont des facettes auxquelles l'homme s'est toujours attaché. Des facettes qui se meuvent et s'émeuvent, qui paraissent et qui disparaissent. Une espèce hybride est née et nous offre une nature numérique, elle s'investigue tel un roman.

Ouvrage à découvrir : Le Métavers est mort

LE MÉTAVERS
EST MORT

CHARLES PEREZ

Le métavers, cet univers virtuel aux promesses infinies, a d'abord captivé l'imaginaire collectif par sa capacité à transcender les frontières du réel. Ses premières heures ont été marquées par un enthousiasme quasi-mystique, une promesse d'évasion totale, d'interactions inédites, d'une nouvelle forme de présence. Et pourtant, aujourd'hui, on murmure qu'il serait déjà mort, que ses ambitions se seraient dissoutes dans l'écume des désillusions technologiques.

Mais qu'est-ce réellement que cette "mort" du métavers ? Ne s'agit-il pas, au fond, de cette transformation discrète et silencieuse qui affecte toute innovation à ses débuts, cette lente mue qui échappe aux regards trop pressés de juger ? Si le métavers ne tient pas les promesses tonitruantes que l'on attendait de lui, c'est peut-être parce qu'il évolue, presque en retrait, loin des projecteurs, pour se redéployer autrement. Ainsi, ce que l'on pense fini n'est souvent que l'amorce d'un nouveau commencement.